U. Hari Haran
T. Akilan

A revelação da tecnologia de armazenamento

U. Hari Haran
T. Akilan

A revelação da tecnologia de armazenamento

ScienciaScripts

Imprint

Any brand names and product names mentioned in this book are subject to trademark, brand or patent protection and are trademarks or registered trademarks of their respective holders. The use of brand names, product names, common names, trade names, product descriptions etc. even without a particular marking in this work is in no way to be construed to mean that such names may be regarded as unrestricted in respect of trademark and brand protection legislation and could thus be used by anyone.

Cover image: www.ingimage.com

This book is a translation from the original published under ISBN 978-620-6-78716-7.

Publisher:
Sciencia Scripts
is a trademark of
Dodo Books Indian Ocean Ltd. and OmniScriptum S.R.L publishing group

120 High Road, East Finchley, London, N2 9ED, United Kingdom
Str. Armeneasca 28/1, office 1, Chisinau MD-2012, Republic of Moldova, Europe
Printed at: see last page
ISBN: 978-620-7-67622-4

Copyright © U. Hari Haran, T. Akilan
Copyright © 2024 Dodo Books Indian Ocean Ltd. and OmniScriptum S.R.L publishing group

Conteúdo

Detalhes dos autores

U. Hari Haran
Professor Assistente
Departamento de Informática e Engenharia
Instituto de Tecnologia Apex,
Universidade de Chandigarh, Punjab, Índia.

T. Akilan
Coordenador de Investigação
Departamento de IQAC
Universidade de Amity em Calcutá,
Calcutá, Bengala Ocidental, Índia.

CHAPTER I. **INTRODUÇÃO À TECNOLOGIA DE ARMAZENAGEM**

Analisar a criação de dados e a quantidade de dados que estão a ser criados e compreender o valor dos dados para uma empresa, os desafios no armazenamento e na gestão de dados, as soluções disponíveis para o armazenamento de dados, os elementos essenciais de uma infraestrutura de centro de dados, o papel de cada elemento no apoio às actividades empresariais

CHAPTER II. **ARQUITECTURA DOS SISTEMAS DE ARMAZENAMENTO**

Componentes de hardware e software do ambiente anfitrião, principais protocolos e conceitos utilizados por cada componente, componentes físicos e lógicos de um ambiente de conetividade, principais componentes físicos de uma unidade de disco e sua função, construções lógicas de um disco físico, características de acesso e implicações no desempenho, conceito de RAID e seus componentes, diferentes níveis de RAID e sua adequação a diferentes ambientes de aplicação: RAID 0, RAID 1, RAID 3, RAID 4, RAID 5, RAID 0+1, RAID 1+0, RAID 6, comparação e contraste entre sistemas de armazenamento integrados e modulares, arquitetura de alto nível e funcionamento de um sistema de armazenamento inteligente

CHAPTER III. **INTRODUÇÃO AO ARMAZENAMENTO EM REDE**

Evolução do armazenamento em rede, Arquitetura, componentes e topologias de FC- SAN, NAS e IP-SAN, Vantagens das diferentes opções de armazenamento em rede, Compreender a necessidade de soluções de arquivamento a longo prazo e descrever o modo como o CAS preenche totalmente essa necessidade, Compreender a adequação das diferentes opções de armazenamento em rede a diferentes ambientes de aplicação

CHAPTER IV. **DISPONIBILIDADE DA INFORMAÇÃO, MONITORIZAÇÃO E GESTÃO DO CENTRO DE DADOS**

Enumerar as razões para interrupções de serviço planeadas/não planeadas e o impacto do tempo de inatividade, Impacto do tempo de inatividade - Diferenciar entre continuidade da atividade (BC) e catástrofe

identificar pontos únicos de falha numa infraestrutura de armazenamento e enumerar soluções para mitigar essas falhas, arquitetura do backup/recuperação e as diferentes topologias de backup/recuperação, tecnologias de replicação e o seu papel na garantia da disponibilidade da informação e da continuidade do negócio, tecnologias de replicação remota e o seu papel no fornecimento de capacidades de recuperação de desastres e de continuidade do negócio. Identificar as principais áreas a monitorizar num centro de dados, normas da indústria para a monitorização e gestão de centros de dados, principais métricas a monitorizar para diferentes componentes de uma infraestrutura de armazenamento, principais tarefas de gestão num centro de dados

CHAPTER V. PROTECÇÃO DO ARMAZENAMENTO E VIRTUALIZAÇÃO DO ARMAZENAMENTO

Segurança da informação, atributos críticos de segurança dos sistemas de informação, domínios de segurança do armazenamento, lista e análise das ameaças comuns em cada domínio, tecnologias de virtualização, tecnologias e processos de virtualização ao nível dos blocos e dos ficheiros

INTRODUÇÃO À TECNOLOGIA DE ARMAZENAGEM

1. INTRODUÇÃO

Information Storage and Management (ISM) é o tipo de curso que preenche essa lacuna associada à aceitação de mecanismos variados da infraestrutura contemporânea de armazenamento de informação. Fornece uma consideração fisicamente poderosa das tecnologias de armazenamento de informações que o organiza para estudar conceitos e tecnologias sofisticados e também lhe permite tomar decisões mais informadas num ambiente de TI progressivamente mais composto.

O armazenamento de informações é um elemento essencial da tecnologia da informação. Uma enorme quantidade de informação digital está a ser produzida a cada instante por clientes individuais e empresariais de TI. Esta informação tem de ser armazenada, protegida, optimizada e gerida.

Até há bem pouco tempo, o armazenamento de informações era visto como um simples conjunto de discos ou fitas que se encontravam na parte de trás do sistema informático para armazenar dados.

Vivemos num globo sob comando e a pedido, o que significa que necessitamos de informação a qualquer momento e onde quer que ela seja necessária. Acedemos à Internet todos os dias para fazer pesquisas, participar em redes públicas, enviar e receber mensagens de correio eletrónico, partilhar imagens e vídeos e manter um registo de outras aplicações. Equipados com um número crescente de dispositivos geradores de conteúdos, os indivíduos estão a criar mais informação do que as empresas.

A informação criada por um indivíduo atinge valor quando é partilhada com outros. Quando criada, a informação existe nas proximidades, em dispositivos como telemóveis, câmaras e computadores portáteis. Para a sua distribuição, a informação tem de ser transferida através de redes para centros de dados. É interessante notar que, embora a maior parte da informação seja produzida por indivíduos, é armazenada e gerida por um número moderadamente reduzido de organizações. A Figura 1-1 ilustra este ciclo virtuoso da informação.

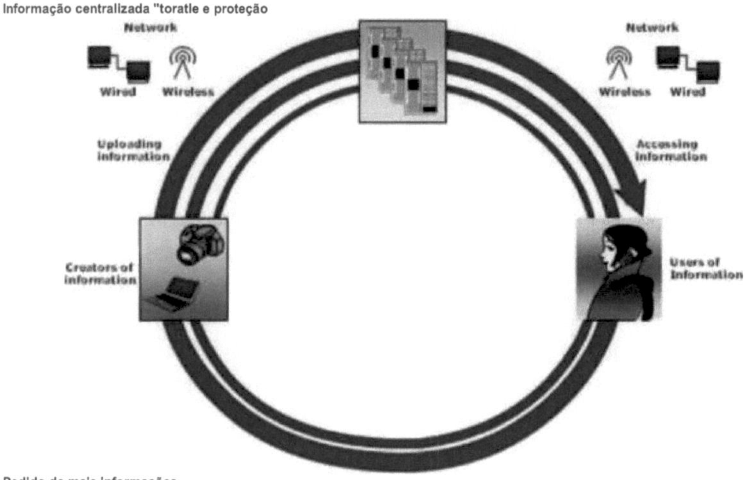

Figura 1-1: Ciclo virtuoso da informação

A importância, a dependência e o nível de informação para o mundo dos negócios também continuam a crescer a um ritmo surpreendente. As empresas dependem de um acesso rápido e consistente a informações importantes para a sua realização. Alguns dos pedidos das empresas que praticam a informação incluem reservas de companhias aéreas, sistemas de faturação telefónica, comércio eletrónico, caixas multibanco, desenhos de produtos, gestão de inventários, arquivos de correio, portais Web, registos de doentes, cartões de crédito, ciências da vida e mercados de capitais globais.

Estas abordagens não só apresentam benefícios económicos e rígidos ao nível do negócio, mas também benefícios ao nível da gestão ao nível da organização.

A maquinaria de armazenamento continua a desenvolver-se com avanços nominais que contribuem para níveis cada vez mais privilegiados de acessibilidade, segurança, escalabilidade, desempenho, fiabilidade, capacidade e gestão.

1.1 ARMAZENAMENTO DE INFORMAÇÕES

As empresas utilizam os dados para obter informações importantes para as suas actividades quotidianas. O armazenamento é um depósito que permite aos utilizadores guardar e recuperar estes dados digitais.

1.1.1 Dados

Os dados são uma coleção de factos não processados a partir dos quais se podem tirar conclusões. Cartas manuscritas, um livro impresso, uma fotografia de família, um filme em cassete de vídeo, cópias impressas e devidamente assinadas de documentos hipotecários, livros de registo bancário e cadernetas de um titular de conta são exemplos de dados. Antes do aparecimento dos computadores, as acções e os métodos imaginados para a formação e a atribuição de dados estavam limitados a formas de menor dimensão, como o papel e a película. Hoje em dia, os mesmos dados podem ser melhorados para formas mais adequadas, como uma mensagem de correio eletrónico, um livro eletrónico, uma imagem em bitmap ou um filme digital. Este facto é revelado na figura. Os dados nesta forma são designados por *dados digitais* e são de fácil acesso para o utilizador logo após serem processados por um computador.

Atualmente, os dados semelhantes podem ser transformados em formas mais adequadas, como uma mensagem de correio eletrónico, um livro eletrónico, uma imagem em bitmap ou um filme digital. Estes dados podem ser produzidos utilizando um computador e armazenados em cadeias de 0s e 1s, como mostra a Figura 1.2. Os dados deste tipo são designados por *dados digitais* e só são de fácil acesso para o utilizador depois de serem processados por um computador.

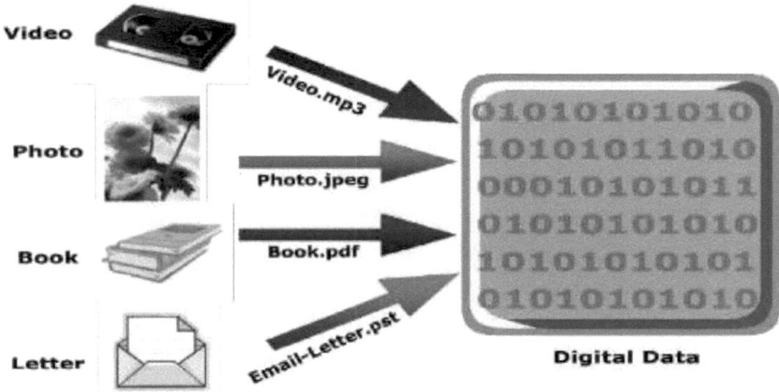

Figura 1.2 Dados digitais

Com a inovação das tecnologias informáticas e de comunicação, o ritmo de produção e distribuição de dados aumentou exponencialmente. Segue-se uma lista de alguns dos factores que contribuíram para o crescimento dos dados digitais:

1. Aumento da capacidade de processamento de dados
2. menor custo de armazenamento digital
3. tecnologias de comunicação razoáveis e mais rápidas

Os hábitos económicos e mais fáceis de criar, recolher e armazenar todos os tipos de dados, juntamente com as crescentes necessidades individuais e empresariais, conduziram a um crescimento acelerado dos dados, amplamente designado por explosão de dados.

A importância e o carácter crítico dos dados variam com o tempo. A maior parte dos dados produzidos tem importância a curto prazo, mas torna-se menos preciosa ao longo do tempo, o que determina a forma de soluções de armazenamento de dados utilizadas. As pessoas acumulam dados numa mistura de dispositivos de armazenamento, como discos rígidos, CDs, DVDs ou unidades flash Universal Serial Bus (USB).

EXEMPLO DE DADOS DE INVESTIGAÇÃO E COMERCIAIS

■ Sismologia

- Dados do produto
- Dados do cliente
- Dados médicos

Por exemplo, requisitos autorizados e rígidos permitem que os bancos mantenham as informações sobre as contas dos seus clientes de forma exacta e constante. Algumas empresas guardam dados de milhões de consumidores e garantem a segurança e a fiabilidade dos dados durante um longo período de tempo. Para tal, são necessários dispositivos de armazenamento de elevada capacidade com características de segurança melhoradas que possam manter os dados durante muito tempo.

1.1.2 Tipos de dados

Os dados podem ser classificados como estruturados ou não estruturados (ver Figura 1-3), dependendo da forma como são armazenados e controlados. Os dados estruturados são controlados em linhas e colunas numa disposição rigorosamente definida, de modo a que as aplicações os possam recuperar e utilizar profissionalmente. Os dados estruturados são normalmente armazenados através de um sistema de gestão de bases de dados (DBMS).

Os dados não são estruturados se os seus elementos essenciais não puderem ser armazenados em linhas e colunas e, consequentemente, não forem fáceis de consultar e recuperar pelas aplicações empresariais. Por exemplo, os associados dos clientes podem ser armazenados em diferentes formas, como notas adesivas, mensagens de correio eletrónico, cartões de visita ou mesmo ficheiros em formato digital, como .doc,
.txt, e .pdf. Os dados não estruturados podem não ter as engrenagens essenciais para se nomearem de forma única para qualquer tipo de processamento ou explicação.

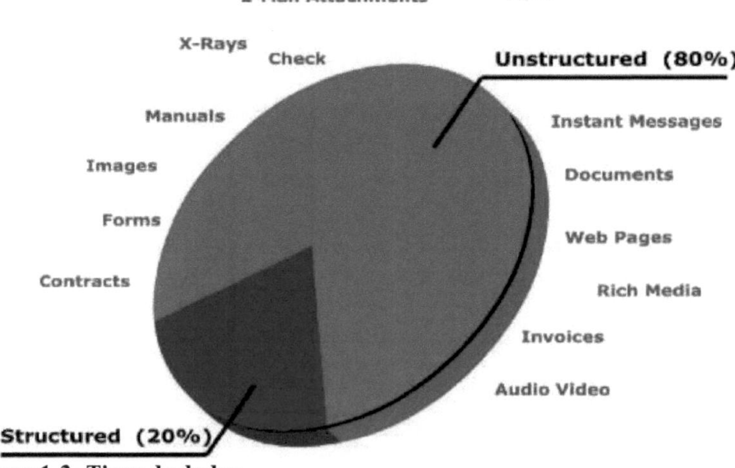

Figura 1-3: Tipos de dados

1.1.3 BIG DATA

Os grandes volumes de dados são uma ideia nova e em crescimento, que se refere a conjuntos de dados cujas dimensões estão longe da capacidade das ferramentas de software geralmente utilizadas para confinar, armazenar, gerir e processar dentro de limites de tempo satisfatórios. Inclui dados estruturados e não estruturados provenientes de uma variedade de fontes, bem como transacções de aplicações comerciais, páginas Web, vídeos, imagens, mensagens de correio eletrónico, redes sociais, etc. Estes conjuntos de dados precisam normalmente de ser capturados ou actualizados em tempo real para análise, modelação preditiva e tomada de decisões. Existem perspectivas importantes para extrair valor dos grandes volumes de dados. O ecossistema de grandes volumes de dados (ver Figura 1-4) é constituído pelos seguintes elementos:

1. Dispositivos que recolhem dados em ou após vários locais e também produzem novos dados sobre esses dados (metadados).

2. Recolhedores de dados que reúnem dados sobre dispositivos e utilizadores.

3. Agregadores de dados que acumulam os dados compostos para extrair informações significativas.

4. Utilizadores e compradores de dados que beneficiam da informação composta e combinada por outros na sequência de valor dos dados.

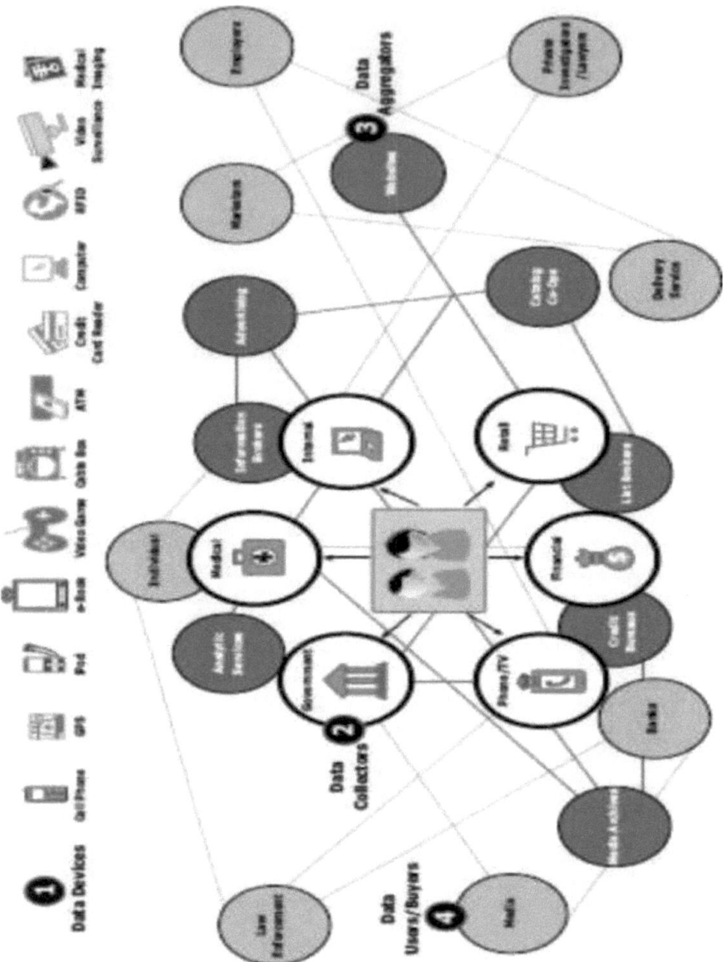

Figura 1-4: Big Data

1.1.4 INFORMAÇÕES

Os dados, quer sejam estruturados ou não estruturados, não servem para nada para as pessoas ou para as empresas, a não ser que estejam acessíveis de uma forma consequente. As empresas precisam de examinar os dados para que estes tenham significado. A informação é a inteligência e a compreensão derivadas dos dados.

As empresas avaliam os dados em bruto para reconhecer tendências consequentes. Por exemplo, um retalhista reconhece os produtos e nomes de produtos preferidos dos clientes, analisando os seus pagamentos em busca de padrões e mantendo um catálogo desses produtos.

Uma análise de dados bem sucedida não só aumenta a sua remuneração para empresas acessíveis, como é o caso do portal de emprego. Para chegar a um conjunto mais vasto de prováveis empregadores, os candidatos a emprego colocam os seus currículos em diferentes sítios Web que oferecem serviços de procura de emprego. Estes sítios recolhem os currículos e colocam-nos num local centralizado, disponível para potenciais empregadores. Além disso, as empresas publicam as vagas disponíveis nos sítios de procura de emprego. O software de correspondência de empregos faz a correspondência entre as palavras-chave dos currículos e as palavras-chave das ofertas de emprego. Desta forma, o motor de busca de emprego utiliza dados e transforma-os em informação para empregadores e candidatos a emprego.

1.1.5 ARMAZENAMENTO

Os dados produzidos por indivíduos ou empresas têm de ser armazenados de modo a estarem facilmente disponíveis para processamento posterior. Num ambiente informático, os dispositivos concebidos para armazenar dados são designados por dispositivos de armazenamento ou simplesmente armazenamento.

Dispositivos como a memória de um telemóvel ou de uma câmara digital, DVDs, CD-ROMs e discos rígidos de computadores pessoais são exemplos de dispositivos de armazenamento.

As empresas dispõem de muitas opções para armazenar dados, como discos rígidos internos, matrizes de discos externos e cassetes.

1.2 EVOLUÇÃO DA TECNOLOGIA E DA ARQUITECTURA DE ARMAZENAMENTO

Tradicionalmente, as organizações tinham computadores centralizados (mainframe) e dispositivos de armazenamento de informação (bobinas de fita e pacotes de discos) no seu centro de dados. A evolução dos sistemas abertos e a acessibilidade e simplicidade de exploração que apresentam tornaram provável que as unidades de negócio/departamentos tenham os seus próprios servidores e armazenamento. Nas anteriores implementações de sistemas abertos, o armazenamento era normalmente interno ao servidor.

Estes dispositivos de armazenamento não podem ser partilhados com quaisquer servidores suplementares. Esta abordagem é designada por arquitetura de armazenamento centrada no servidor (ver figura 1-5a).

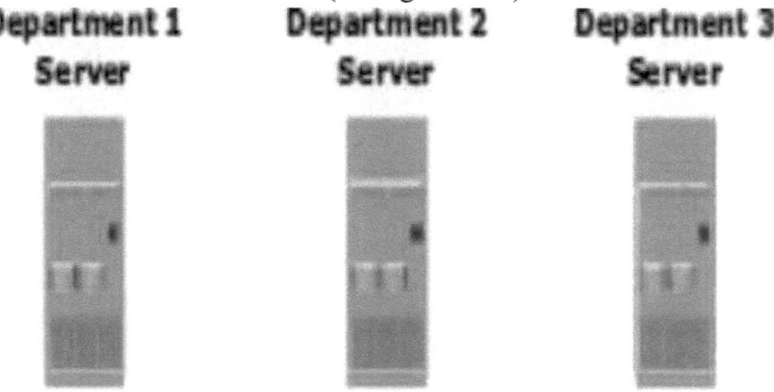

Figura 1-5a: Arquitetura de armazenamento centrada no servidor

11

Neste desenho estrutural, cada servidor tem uma quantidade parcial de dispositivos de armazenamento, e qualquer tarefa de gestão, como a continuação do servidor ou o aumento da capacidade de armazenamento, pode resultar na indisponibilidade da informação. A propagação de servidores departamentais numa atividade resultou em ilhas de informação inseguras, não geridas e desarticuladas, bem como num aumento dos recursos e dos custos operacionais em utilização.

Para vencer estes desafios, o armazenamento evolui de uma *arquitetura centrada no servidor* para uma *arquitetura centrada na informação* (ver figura 1.5b). Nesta arquitetura, os dispositivos de armazenamento são geridos de forma centralizada e autónoma em relação aos servidores. Estes dispositivos de armazenamento geridos centralmente são comuns a vários servidores. Quando um servidor inovador é implantado no ambiente, o armazenamento é atribuído a esse servidor a partir dos dispositivos de armazenamento partilhados idênticos. A capacidade da armazenagem partilhada pode ser melhorada vigorosamente através da adição de mais dispositivos de armazenagem, sem afetar a disponibilidade das informações. Nesta arquitetura, a gestão da informação é mais fácil e rentável.

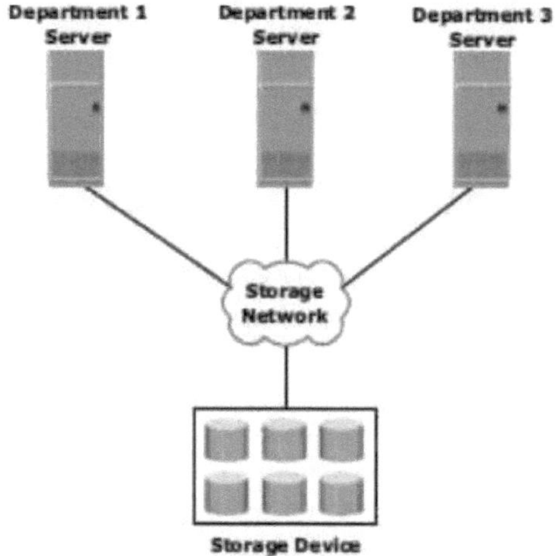

Figura 1-5b: Arquitetura de armazenamento centrada na informação

Entre os aspetos a ter em conta nesta progressão tecnológica contam-se (ver figura 1-6):

■ **Matriz Redundante de Discos Independentes (RAID):** Esta tecnologia foi criada para responder aos requisitos de orçamento, desempenho e acessibilidade dos dados. Continua a progredir atualmente e é utilizada em todas as concepções de armazenamento, como DAS, SAN, etc.

■ **Armazenamento de ligação direta (DAS):** Esta categoria de armazenamento associa-se diretamente a um servidor (anfitrião) ou a um conjunto de servidores num grupo. O armazenamento pode ser tanto interno como externo ao servidor. O DAS externo melhorou os desafios da capacidade restrita de armazenamento interno.

■ **Rede de área de armazenamento (SAN):** Trata-se de uma rede *Fibre Channel (FC)* empenhada e de elevado desempenho que permite a comunicação *ao nível do bloco* entre servidores e armazenamento. O armazenamento é subdividido e atribuído a um servidor para leitura dos seus dados. A SAN lida com a escalabilidade, a disponibilidade, o desempenho e as remunerações de custos associados ao DAS.

■ **Armazenamento ligado à rede (NAS):** Trata-se de um armazenamento estável para aplicações *de serviço de ficheiros*. Ao contrário de uma SAN, liga-se a uma rede de comunicações atual (LAN) e fornece acesso a ficheiros a vários clientes. Uma vez que foi intencionalmente criado para fornecer armazenamento a aplicações de servidor de ficheiros, compromete uma maior escalabilidade, disponibilidade, desempenho e benefícios de custos relacionados com servidores de ficheiros de uso geral.

■ **SAN com protocolo de Internet (IP-SAN):** Um dos mais recentes desenvolvimentos na arquitetura de armazenamento, o IP-SAN é uma união de tecnologias utilizadas em SAN e NAS. A IP-SAN permite a comunicação a nível de blocos através de uma rede local ou de uma rede de área alargada (LAN ou WAN), o que resulta numa maior associação e acessibilidade dos dados.

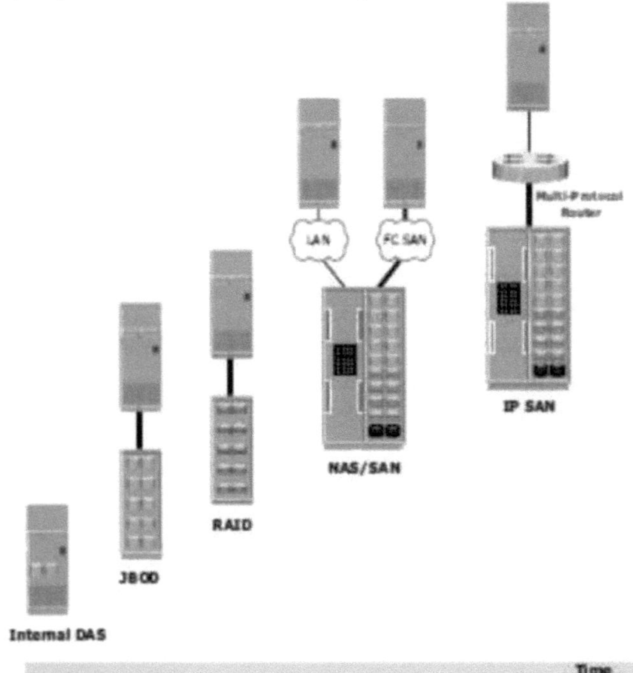

Figura 1-6: Evolução das Arquitecturas de Armazenamento

A tecnologia e o design do armazenamento continuam a progredir, o que permite às organizações combinar, proteger, otimizar e influenciar os seus dados para obter o maior rendimento dos activos de informação.

1.3 INFRA-ESTRUTURA DO CENTRO DE DADOS

As organizações conservam os centros de dados para fornecer capacidades de processamento de dados centralizadas através da inovação. Os centros de dados armazenam e realizam grandes quantidades de dados de missão crítica. A organização do centro de dados inclui computadores, sistemas de armazenamento, dispositivos de rede, backups de energia dedicados e controlos ambientais (como ar condicionado e destruição de incêndios).

As grandes organizações preservam frequentemente mais do que um centro de dados para atribuir capacidades de processamento de dados e fornecer cópias de segurança em caso de desastre. Os pedidos de armazenamento de um centro de dados são satisfeitos por uma mistura de várias arquitecturas de armazenamento.

1.3.1 ELEMENTOS PRINCIPAIS DE UM CENTRO DE DADOS

Cinco elementos essenciais são fundamentais para a funcionalidade elementar de um centro de dados:

■ **Aplicação:** Um programa de computador que fornece a lógica para operações de computação.

■ **Sistema de gestão de bases de dados (SGBD):** Oferece uma forma controlada de armazenar dados em tabelas logicamente sistematizadas e consistentes.

■ **Anfitrião ou computação:** Uma plataforma de computação (hardware, firmware e software) que transforma aplicações e bases de dados.

■ **Rede:** Um caminho de dados que acelera a comunicação entre vários dispositivos ligados em rede.

■ **Armazenamento:** Um dispositivo que armazena dados de forma determinada para utilização posterior.

Estes elementos centrais são normalmente vistos e realizados como entidades distintas, mas todos os elementos devem trabalhar em conjunto para responder aos pedidos de processamento de dados.

A Figura 1-7 mostra uma instância de um sistema de processamento de pedidos que inclui os cinco fundamentos básicos de um centro de dados e explica a sua funcionalidade de uma forma comercial.

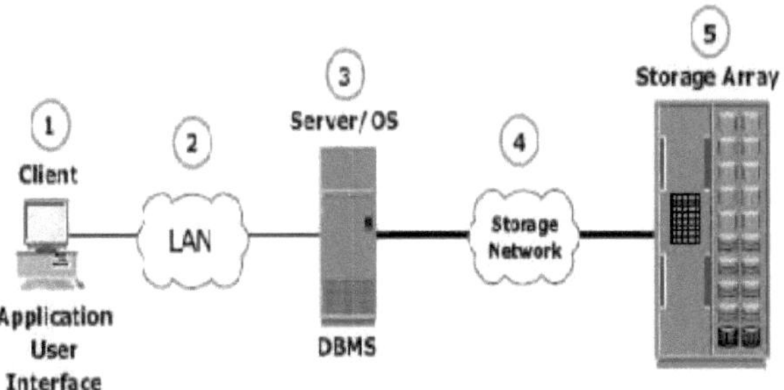

1   Um cliente efectua uma encomenda através do AUI do software de aplicação de processamento de encomendas localizado no computador do cliente.

2   O cliente liga-se ao servidor através da LAN e acede ao SGBD localizado no servidor para atualizar as informações relevantes, tais como o nome do cliente, o endereço, o método de pagamento, os produtos encomendados e a quantidade encomendada.

3   O DBMS utiliza o sistema operativo do servidor para ler e escrever estes dados na base de dados localizada nos discos físicos da matriz de armazenamento.

4   A rede de armazenamento fornece a ligação de comunicação entre o servidor e a matriz de armazenamento e transporta os comandos de leitura ou escrita entre eles.

5   5) A matriz de armazenamento, após receber os comandos de leitura ou de escrita do servidor, efectua as operações necessárias para armazenar os dados nos discos físicos.

Figura 1-7: Exemplo de um sistema de processamento de pedidos

1.3.2 REQUISITOS ESSENCIAIS PARA OS ELEMENTOS DO CENTRO DE DADOS

O funcionamento contínuo dos centros de dados é um fator sério para a existência e o sucesso de uma empresa. É essencial ter uma infraestrutura fiável que garanta que os dados estão sempre disponíveis. Embora os requisitos, apresentados na figura 1-8 acima, sejam adequados a todos os elementos da infraestrutura do centro de dados, a nossa atenção centra-se nos sistemas de armazenamento.

■ **Disponibilidade:** Todos os elementos do centro de dados devem ter como objetivo garantir a acessibilidade. A incompetência dos utilizadores para acederem aos dados pode ter um impacto
influência negativa substancial numa empresa.

■ **Segurança:** Devem ser reconhecidas as políticas, os procedimentos e a combinação adequada dos elementos centrais do centro de dados que evitarão o acesso ilegal às informações. Para além dos processos de segurança para o acesso dos clientes, mecanismos precisos devem permitir que os servidores acedam apenas aos recursos que lhes são atribuídos nas matrizes de armazenamento.

■ **Escalabilidade:** As operações do centro de dados devem ser capazes de atribuir capacidades de processamento ou armazenamento adicionais a pedido, sem perturbar as operações comerciais. A evolução do negócio necessita frequentemente de organizar mais servidores, novas aplicações e bases de dados adicionais. A resolução de armazenamento deve ser capaz de produzir com o negócio.

■ **Desempenho:** Todos os elementos essenciais do centro de dados devem ser capazes de proporcionar um desempenho e uma facilidade óptimos a todos os pedidos de processamento a alta velocidade. A infraestrutura deve ser capaz de manter os requisitos de desempenho.

■ **Integridade dos dados:** A integridade dos dados refere-se a dispositivos como códigos de correção de erros ou bits de paridade que confirmam que os dados são inscritos no disco exatamente como foram recebidos. Qualquer diferença nos dados durante a sua recuperação indica corrupção, o que pode perturbar os procedimentos da organização.

■ **Capacidade:** Os procedimentos do centro de dados precisam de recursos adequados para armazenar e processar grandes quantidades de dados de forma eficiente. Quando os requisitos de capacidade aumentam, o centro de dados precisa de ser capaz de fornecer mais capacidade sem perturbar a disponibilidade ou, no mínimo, com o mínimo de perturbação. A capacidade pode ser alcançada através da reorganização dos recursos actuais, em vez da adição de novos recursos.

■ **Capacidade de gestão:** Um centro de dados tem de realizar todas as acções e acções da forma mais eficaz possível. A capacidade de gestão pode ser alcançada através da mecanização e da diminuição do envolvimento humano (manual) em tarefas mútuas. Gerir um centro de dados contemporâneo e composto inclui várias tarefas. As principais realizações de gestão incluem Monitorização, Relatórios e Aprovisionamento.

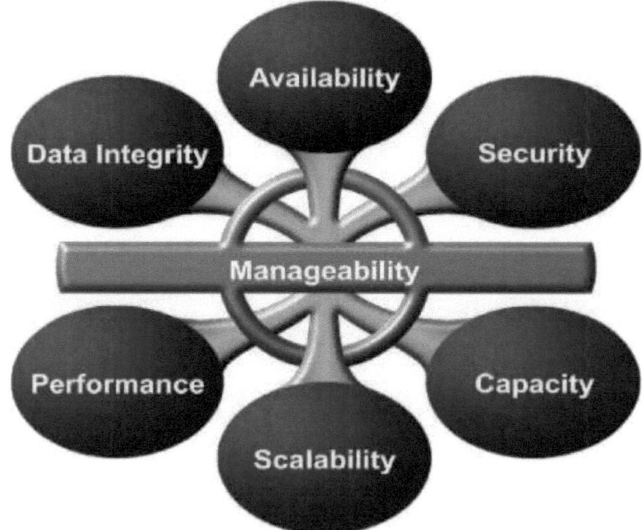

Figura 1-8: Principais características dos elementos do centro de dados

1.3.3 GESTÃO DE UMA INFRA-ESTRUTURA DE CENTRO DE DADOS

A gestão de um centro de dados inclui muitas tarefas. A realização do gerenciamento de chaves inclui o seguinte:

■ **Monitorização:** É um processo incessante de recolha de informações sobre numerosos elementos e serviços sucessivamente num centro de dados. As características de um centro de dados que são observadas incluem segurança, desempenho, disponibilidade e capacidade.

■ **Relatórios:** É efectuado ocasionalmente sobre o desempenho, a capacidade e a utilização dos recursos. As responsabilidades de elaboração de relatórios ajudam a instituir validações comerciais e o estorno dos custos relacionados com as operações do centro de dados.

■ **Provisionamento:** É um procedimento que consiste em fornecer o hardware, o software e outros recursos necessários para gerir um centro de dados. As acções de aprovisionamento incluem principalmente a gestão de recursos para satisfazer os requisitos de capacidade, disponibilidade, desempenho e segurança. O planeamento de recursos é a progressão da avaliação e classificação dos recursos obrigatórios, como o pessoal, as instalações (local) e a tecnologia. O planeamento de recursos garante que os recursos toleráveis estão acessíveis para satisfazer os requisitos dos utilizadores e das aplicações.

Por exemplo 1-8, a utilização da capacidade de armazenamento atribuída a uma aplicação pode ser examinada. Assim que o consumo da capacidade de armazenamento atingir um valor agudo, pode ser fornecida à aplicação uma capacidade de armazenamento adicional. Se o consumo da capacidade de armazenamento for monitorizado e transmitido com precisão, o crescimento da empresa pode ser acordado e as necessidades de capacidade futuras podem ser estimadas. Isto ajuda a definir uma política prática de gestão de dados.

1.4 PRINCIPAIS DESAFIOS NA GESTÃO DA INFORMAÇÃO

Para estruturar uma estratégia real de gestão da informação, as empresas querem refletir os desafios-chave subsequentes da gestão da informação:

■ **Universo digital em explosão:** O ritmo de desenvolvimento da informação está a crescer exponencialmente. A replicação dos dados para garantir uma elevada acessibilidade e a sua reutilização também contribuiu para a multiplicação do crescimento da informação.

■ **Dependência crescente da informação:** A utilização tática da informação desempenha um papel significativo na determinação da realização de um negócio e oferece vantagens razoáveis no mercado.

■ **Mudança do valor da informação:**

1.5 CICLO DE VIDA DA INFORMAÇÃO

O *ciclo de vida da informação* é a "alteração da importância da informação" ao longo do tempo. Quando os dados são formados pela primeira vez, têm frequentemente o valor máximo e são utilizados regularmente. À medida que os dados envelhecem, são recuperados com menos frequência e têm menos valor para a organização. A aceitação do ciclo de vida da informação ajuda a organizar uma infraestrutura de armazenamento adequada, permitindo a alteração do valor da informação. Por exemplo, numa aplicação de encomenda de vendas, o valor da informação muda desde o momento em que a encomenda é contratada até ao momento em que a garantia é anulada (ver figura 1-9). O valor da informação é máximo quando uma empresa aceita uma nova ordem de venda e a processa para fornecer o produto. Após a satisfação da encomenda, os dados do cliente ou da encomenda não precisam de estar acessíveis para admissão em tempo real. A empresa pode transferir estes dados para um armazenamento secundário menos exclusivo, com menores necessidades de disponibilidade e obtenção, a menos ou até que uma declaração de garantia ou outro evento active a sua necessidade. Depois de a garantia ser cancelada, a empresa pode armazenar ou eliminar os dados para criar espaço para informações adicionais de elevado valor. As empresas actuais precisam que os dados estejam seguros e disponíveis 24 horas por dia, 7 dias por semana. Os centros de dados podem alcançar este objetivo com a melhor e mais adequada utilização da infraestrutura de armazenamento. Uma política de gestão da informação efectiva é essencial para cuidar desta infraestrutura e influenciar os seus benefícios.

A gestão do ciclo de vida da informação (ILM) é uma política prática que permite a uma organização de TI alcançar eficazmente os dados ao longo do seu ciclo de vida, com base em estratégias empresariais predefinidas. Isto permite que uma organização de TI melhore a infraestrutura de armazenamento para obter a máxima rentabilidade do investimento. Uma política de ILM deve conter as seguintes características

■ **Centrado na empresa:** Deve incluir os principais procedimentos, aplicações e criatividades da empresa para encontrar o desenvolvimento atual e futuro da informação.

■ **Gestão centralizada:** Todos os activos de informação de uma empresa devem estar sob a alçada da abordagem GCI.

■ **Baseada em políticas:** A execução da GIL não deve ser controlada por departamentos limitados. A GCI deve ser executada como uma estratégia e abranger todas as aplicações, processos e recursos da empresa.

■ **Heterogéneo:** Uma estratégia ILM deve ter em conta todos os tipos de fases de armazenamento e sistemas operativos.

■ **Optimizado:** Uma vez que o valor da informação é diferente, uma estratégia de ILM deve ter em conta os diferentes requisitos de armazenamento e atribuir recursos de armazenamento com base no valor da informação para a empresa.

■ **Armazenamento em camadas:** O armazenamento em camadas é um método para descrever estágios de armazenamento diferentes, a fim de diminuir o custo total do armazenamento. Cada nível tem níveis diferentes de proteção, desempenho, frequência de acesso aos dados e outras considerações. A informação é armazenada e distribuída entre diferentes níveis com base no seu valor ao longo do tempo. Por exemplo, as informações mais recuperadas e de missão crítica podem ser armazenadas no armazenamento de nível 1, que consiste em suportes de dados de elevado desempenho com um nível de segurança mais elevado. Os dados de recuperação média e outros dados significativos são armazenados no armazenamento de nível 2, que pode estar em suportes menos luxuosos com uma apresentação razoável e proteção. As informações recuperadas com pouca frequência ou as informações exactas de eventos podem ser armazenadas em níveis inferiores de armazenamento.

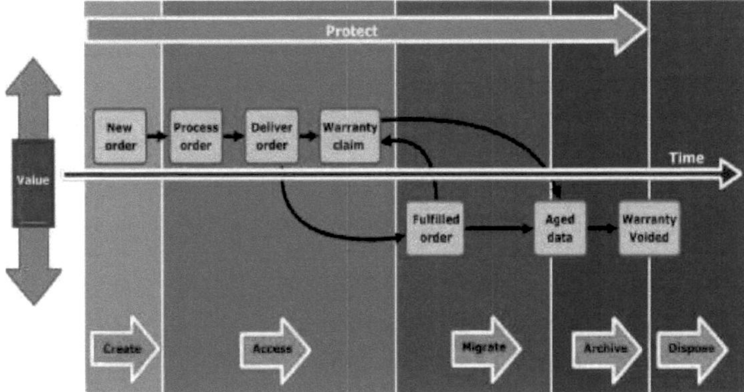

Figura 1-9: Modificação do valor do sistema de ordens do cliente

Uma estratégia positiva que permite a uma organização de TI realizar eficazmente os dados ao longo do seu ciclo de vida.

1.5.1 IMPLEMENTAÇÃO DO ILM

O processo de desenvolvimento de uma estratégia de GCI inclui quatro actividades - classificação, implementação, gestão e organização:

■ *Classificar* os dados e as solicitações na origem das instruções e directrizes comerciais para permitir um tratamento discriminado da informação.

■ *Implementação de* estratégias através do esgotamento dos instrumentos de gestão da informação, desde a formação dos dados até à sua eliminação.

■ *Gerir* o ambiente através da utilização de ferramentas assimiladas para diminuir a dificuldade operacional.

■ *Organizar* as propriedades de armazenamento em níveis para suportar os recursos com classes de dados e carregar informações no tipo exato de infraestrutura com base no valor atual das informações.

A implementação da ILM através de uma preparação é um processo contínuo. A Figura 1-10 mostra um roteiro para a ILM em toda a empresa.

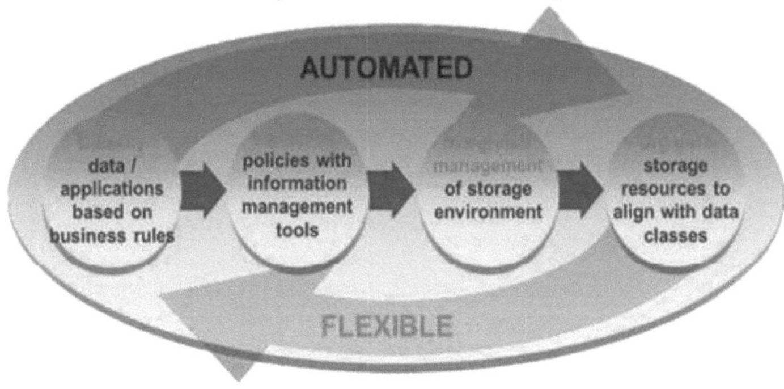

Figura 1-10: Actividades de implementação do ILM

1.5.2 BENEFÍCIOS DA ILM

A execução de uma estratégia de GCI tem os seguintes benefícios fundamentais
que abordam abertamente os desafios da gestão da informação:

- *Melhor utilização* através do consumo de plataformas de armazenamento em camadas e maior destaque de todas as informações da empresa.

- *Gestão simplificada* através da participação em etapas e limites de procedimentos com ferramentas individuais e através de uma automatização crescente.

- *Uma gama mais vasta de opções* de cópia de segurança e recuperação para preparar o essencial para a continuidade do negócio.

- *Manter a conformidade* expressando quais os dados que devem ser mantidos em perigo durante que período de tempo?

- *Reduzir o custo total de propriedade* (TCO), apoiando os custos de subestrutura e de gestão no valor da informação. Como resultado, os recursos não são desaproveitados e não há complicações ao lidar com dados de baixo valor em detrimento de dados de alto valor.

ARQUITECTURA DOS SISTEMAS DE ARMAZENAMENTO

2. INTRODUÇÃO

O armazenamento, um dos elementos interiores de um centro de dados, é reconhecido como um recurso discreto e requer atenção e especialidade para a sua realização e gestão. Os dados fluem de uma aplicação para o armazenamento através de diferentes componentes, designados em conjunto por *ambiente de sistema de armazenamento*. Os três principais componentes deste ambiente são o anfitrião, a conetividade e o armazenamento. Estas unidades, juntamente com os seus componentes físicos e lógicos, ajudam no acesso aos dados.

2.1 COMPONENTES DE UM AMBIENTE DE SISTEMA DE ARMAZENAMENTO

Os três principais mecanismos num ambiente de sistema de armazenamento - o anfitrião, a conetividade e o armazenamento.

2.1.1 HOST

Os utilizadores armazenam e recuperam dados através de aplicações. Os computadores em que estas aplicações são executadas são designados por anfitriões. Os anfitriões podem ser desde simples computadores portáteis até clusters compostos de servidores. Um anfitrião é constituído por componentes físicos (dispositivos de hardware) que se correspondem entre si através de componentes lógicos (software e protocolos). O acesso aos dados e a apresentação geral do ambiente do sistema de armazenamento dependem dos componentes físicos e lógicos de um anfitrião.

Componentes físicos

Um anfitrião tem três componentes físicos básicos:

☐ Unidade central de processamento (CPU)

☐ Armazenamento, como memória interna e dispositivos de disco

☐ Dispositivos de entrada/saída (E/S)

Os componentes físicos correspondem uns aos outros através de uma via de comunicação designada por **barramento.** Um barramento une a CPU a outros mecanismos, como dispositivos de armazenamento e de E/S.

CPU

A CPU é constituída por quatro componentes principais:

☐ **Unidade Lógica Aritmética (ALU):** Este é o bloco de construção elementar da CPU. Efectua operações aritméticas e lógicas, como a adição, a subtração e as funções booleanas (AND, OR e NOT).

☐ **Unidade de controlo:** Um circuito digital que controla as operações da CPU e gere a funcionalidade da CPU.

☐ **Registo:** Um grupo de localizações de armazenamento de alta velocidade. Os registos armazenam dados intermédios que são necessários à CPU para executar uma instrução e permitem um acesso rápido devido à sua proximidade da ALU. As CPUs têm, carateristicamente, um número reduzido de registos.

□ **Cache de nível 1 (L1):** Encontrada nas CPUs actuais, ela recolhe dados e instruções de programas que podem ser desejados pela CPU nas próximas expectativas. A cache L1 é mais lenta do que os registos, mas oferece mais espaço de armazenamento.

ARMAZENAMENTO

A memória e o suporte de armazenamento são utilizados para armazenar dados, tanto de forma permanente como momentânea.

□ **Memória de acesso aleatório (RAM):** Permite o acesso direto a qualquer posição de memória e pode ter dados escritos ou lidos. A RAM é imprevisível; este tipo de memória requer um fornecimento estável de energia para preservar o conteúdo das células de memória. Os dados são removidos quando a alimentação do sistema é desligada ou interrompida.

□ **Memória ROM (Read-Only Memory):** Não volátil e permite simplesmente a leitura de dados. A ROM contém dados para a execução de rotinas internas, como o arranque do sistema.

Os dispositivos de armazenamento são menos dispendiosos do que as memórias de semicondutores. Os exemplos de dispositivos de armazenamento são os seguintes:

□ Disco rígido (magnético)
□ CD-ROM ou DVD-ROM (ótico)
□ Disco flexível (magnético)
□ Unidade de fita (magnética)

Dispositivos de E/S

Os dispositivos de E/S facilitam o envio e a receção de dados de e para um anfitrião. Este contacto pode ser de um dos seguintes tipos:

□ **Comunicações entre o utilizador e o anfitrião:** Tratadas por dispositivos de E/S críticos, como o teclado, o rato e o monitor. Estes dispositivos permitem aos utilizadores aceder aos dados e analisar os resultados das operações.

□ **Comunicações de anfitrião para anfitrião:** Activadas utilizando dispositivos como uma placa de interface de rede (NIC) ou um modem.

□ **Comunicações entre o anfitrião e o dispositivo de armazenamento:** Tratadas por um *adaptador de barramento anfitrião (HBA)*. O HBA é uma placa de circuito integrado específico da aplicação (ASIC) que executa funções de interface de E/S entre o anfitrião e o armazenamento, libertando a CPU de uma carga de trabalho adicional de processamento de E/S. Os HBAs também fornecem aberturas de conetividade conhecidas como *portas* para unir o host ao dispositivo de armazenamento. Um host pode ter vários HBAs.

2.1.2 CONECTIVIDADE

A conetividade refere-se à interligação entre anfitriões ou entre um anfitrião e quaisquer outros dispositivos marginais, como impressoras ou dispositivos de armazenamento. A discussão centra-se aqui na conetividade entre o anfitrião e o dispositivo de armazenamento. O mecanismo de conetividade num ambiente de sistema de armazenamento pode ser classificado como físico e lógico. Os componentes físicos são os elementos de hardware que unem o anfitrião à memória e os componentes lógicos da conetividade são o conjunto de regras utilizadas para a comunicação entre o anfitrião e a memória.

Componentes físicos da conetividade

Os três componentes físicos da conetividade que ligam o anfitrião e o armazenamento são o barramento, a porta e o cabo (ver figura 2.1)

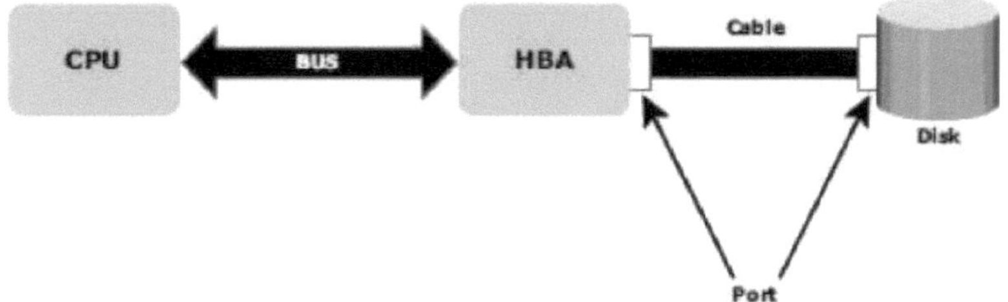

Figura 2.1: Componentes físicos da conetividade

O barramento é o conjunto de caminhos que permite a transmissão de dados de um componente de um computador para outro, tal como da CPU para a memória. A porta é um canal dedicado que permite a conetividade entre o anfitrião e os dispositivos externos. Os cabos unem os anfitriões a dispositivos internos ou externos através de meios de cobre ou de fibra ótica.

Os componentes físicos correspondem através de um barramento, enviando bits (controlo, dados e endereço) de dados entre dispositivos. Estes bits são transmitidos através do barramento da seguinte forma

■ **Em série:** Os bits são transmitidos em ordem ao longo de um único caminho. Esta comunicação pode ser unidirecional ou bidirecional.

■ **Paralelo:** Os bits são transmitidos ao longo de vários caminhos em conjunto. O paralelo também pode ser bidirecional.

O tamanho de um barramento, conhecido como a sua largura, determina a quantidade de dados que podem ser transmitidos durante o barramento de uma só vez. A largura de um autocarro pode ser avaliada como o número de vias de uma autoestrada.

Um bus rápido permite uma transferência mais rápida de dados, o que permite que as aplicações sejam executadas mais cedo.

■ **Barramento do sistema:** O barramento que contém dados no processador ou após o processador para a memória.

Barramento local ou de E/S: Uma via de alta velocidade que se liga diretamente ao processador e transporta dados entre os dispositivos periféricos, tal como os dispositivos de armazenamento e o processador.

Componentes lógicos da conetividade

O protocolo de interface mais utilizado para o barramento local se ligar a um dispositivo periférico é o *PCI (peripheral component interconnect)*. Os protocolos de interface que se unem aos sistemas de disco são *Integrated Device Electronics/Advanced Technology Attachment (IDE/ATA)* e *Small Computer System Interface (SCSI)*.

PCI

A PCI é uma condição que regula a forma como as placas de extensão PCI, tais como placas de rede ou modems, trocam informações com a CPU. A PCI oferece a interconexão entre a CPU e dispositivos amigáveis. *O PCI Express* é uma versão melhorada do barramento PCI com um débito e uma velocidade de relógio significativamente superiores.

IDE/ATA

IDE/ATA é o protocolo de interface mais popular utilizado nos discos modernos. Este protocolo sugere uma apresentação excecional a um custo moderadamente baixo.

SCSI

A SCSI surge como um protocolo de eleição nos computadores topo de gama. O SCSI foi utilizado principalmente como uma interface paralela, facilitando a associação de dispositivos a um anfitrião. A SCSI foi melhorada e atualmente é constituída por uma grande diversidade de tecnologias e normas associadas.

2.1.3 ARMAZENAMENTO

O dispositivo de armazenamento é a parte mais importante do ambiente do sistema de armazenamento. Um dispositivo de armazenamento utiliza suportes magnéticos ou de estado sólido. Os discos, as fitas e as disquetes utilizam meios magnéticos. O CD-ROM é um exemplo de dispositivo de armazenamento que utiliza suportes ópticos e o cartão de memória flash amovível é um exemplo de suporte de dados de estado sólido.

As fitas são um meio de armazenamento muito utilizado para efetuar cópias de segurança devido ao seu custo relativamente baixo. No passado, os centros de dados alojavam um grande número de unidades de fita e processavam milhares de bobinas de fita. No entanto, a fita tem as restrições subsequentes:

■ Os dados são armazenados na fita de forma linear com o comprimento da fita. A procura e recuperação de dados é efectuada em série, demorando habitualmente alguns segundos a obter os dados. Como consequência, o acesso arbitrário aos dados é lento e demorado. Este facto limita a possibilidade de as fitas serem uma alternativa viável para aplicações que necessitem de um acesso rápido e em tempo real aos dados.

■ Num ambiente de computação comum, os dados armazenados em fita não podem ser acedidos por várias aplicações em simultâneo, controlando a sua utilização para uma aplicação de cada vez.

■ Numa unidade de fita, a cabeça de leitura/escrita bate na superfície da fita, pelo que a fita se degrada ou desgasta após uma utilização repetida.

■ As necessidades de armazenamento e recuperação de dados a partir de fita e o custo operacional associado à associação de suportes de fita são importantes.

O armazenamento em disco ótico é popular em ambientes informáticos de tamanho reduzido e de utilizador único. É regularmente utilizado para armazenar fotografias ou como suporte de apoio em computadores pessoais/laptop. Também é utilizado como meio de alocação para aplicações únicas, como jogos, ou como meio de transferência de pequenas quantidades de dados de um sistema autónomo para outro. Os discos ópticos têm um certo grau de capacidade e velocidade, o que limita a utilização de suportes ópticos como solução de armazenamento de dados de produção.

A capacidade de escrever uma vez e ler muitas (WORM) é uma melhoria do armazenamento em disco ótico. Um CD-ROM é um exemplo de um dispositivo WORM. Os discos ópticos, em vários graus, garantem que a substância não foi alterada, pelo que podem ser utilizados como alternativas de baixo custo para o armazenamento a longo prazo de quantidades comparativamente pequenas de substância rígida que não varia após a sua formação. As colecções de discos ópticos numa matriz, denominadas *jukeboxes*, são imóveis e utilizadas como solução de armazenamento de conteúdo fixo. Outros tipos de discos ópticos são o CD-RW e a discrepância do DVD.

As unidades de disco são o meio de armazenamento mais popular utilizado nos computadores modernos para armazenar e aceder a dados para um desempenho intensivo, em linha

aplicações. Os discos permitem um acesso rápido a localizações aleatórias de dados. Isto significa que os dados podem ser escritos ou recuperados rapidamente para um grande número de utilizadores ou aplicações em simultâneo.

2.2 COMPONENTES DA UNIDADE DE DISCO

Uma unidade de disco utiliza uma divisão de efeito rápido para ler e escrever dados na diagonal num prato plano revestido de elementos magnéticos. Os dados são transferidos do prato magnético através da cabeça R/W para o computador. São montados vários pratos mutuamente com a cabeça R/W e o regulador, geralmente designados por **unidade de disco rígido** *(HDD)*. Os dados podem ser gravados e removidos num disco magnético quantas vezes forem necessárias.

Os principais componentes de uma unidade de disco são o *prato, o eixo, a cabeça de leitura/escrita, o conjunto do braço atuador e o controlador. (Figura-2.2)*

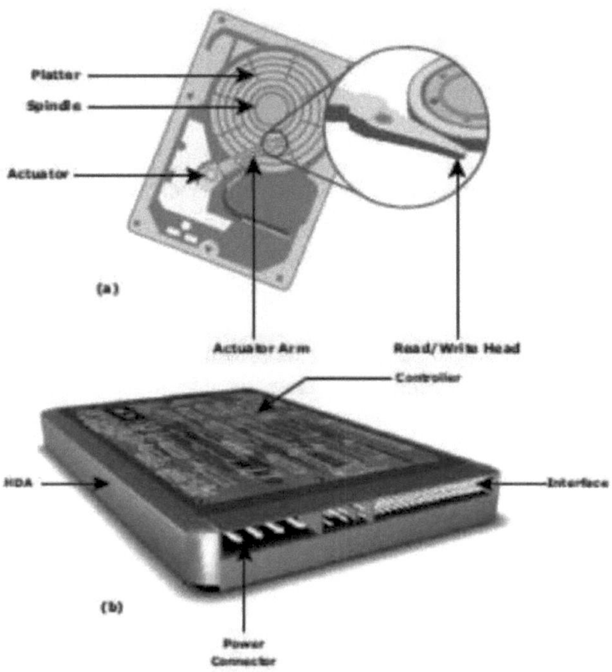

Figura 2.2: Componentes da unidade de disco

2.2.1 PLATAFORMA

Um disco rígido clássico é constituído por um ou mais discos circulares planos denominados pratos (figura 2.3). Os dados são registados nestes pratos em códigos binários (0s e 1s). O conjunto de pratos giratórios é preservado numa caixa, designada por conjunto de disco principal (HDA). Um prato é um disco rígido e redondo revestido com tecido magnético em ambas as superfícies (superior e inferior). Os dados podem ser gravados ou lidos em ambas as superfícies do prato. O número de pratos e a capacidade de armazenamento de cada prato determinam a capacidade total da unidade.

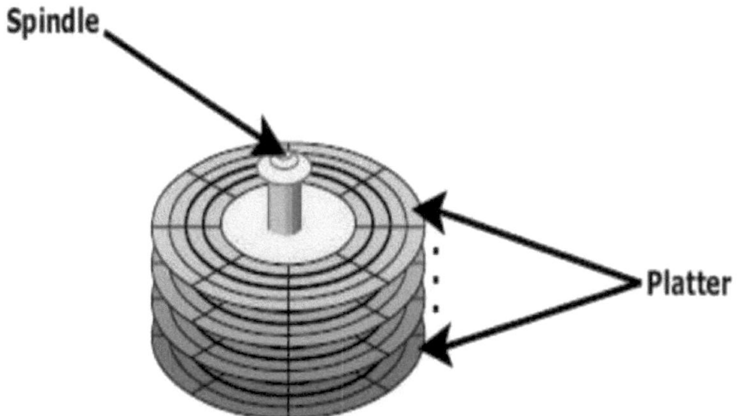

Figura 2.3: Fuso e prato

2.2.2 EIXO

Um eixo une todos os pratos e está associado a um motor. O motor do eixo gira a uma velocidade constante.

2.2.3 CABEÇA DE LEITURA/ESCRITA

As cabeças de leitura/escrita (R/W) (figura 2.4) lêem e escrevem dados num prato ou depois dele.

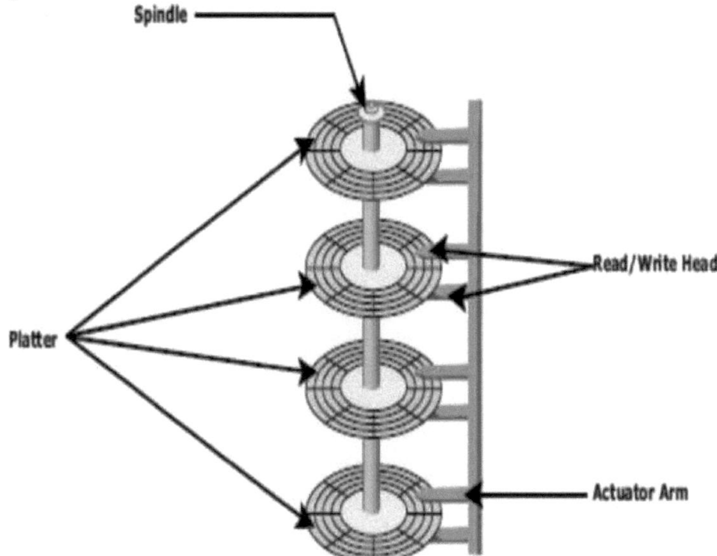

Figura 2.4: Conjunto do braço do atuador

As unidades incluem duas cabeças R/W por prato, uma para cada superfície do prato. A cabeça R/W altera a divergência magnética na superfície do prato durante a escrita de dados. Durante a leitura de dados, esta cabeça detecta a divergência magnética na superfície do prato. Durante as leituras e as gravações, a cabeça R/W limpa a divergência magnética e nunca toca na superfície do prato. Quando o veio está a rodar, existe um espaço de ar microscópico entre as cabeças R/W e os pratos, designado por *altura de voo da cabeça*. Este espaço de ar desprende-se quando o eixo pára de rodar e a cabeça R/W assenta numa região específica do prato, perto do eixo. Esta região é designada por zona de aterragem. A zona de aterragem é revestida com um lubrificante para diminuir a fricção entre a cabeça e o prato.

A lógica da unidade de disco garante que as cabeças são deslocadas para a zona de aterragem antes de tocarem na superfície. Se a unidade se avariar e a cabeça R/W tocar por engano no plano do prato fora da zona de aterragem, dá-se uma colisão *da cabeça*. Numa colisão da cabeça, o revestimento magnético do prato fica riscado e pode causar danos à cabeça R/W. Um choque da cabeça resulta normalmente numa falha de dados.

2.2.4 MONTAGEM DO BRAÇO DO ACTUADOR

As cabeças R/W são acumuladas no *conjunto do braço atuador* que aponta a cabeça R/W para o local do prato onde os dados têm de ser escritos ou lidos. As cabeças R/W de todos os pratos de uma unidade estão ligadas a um conjunto de braço atuador e deslocam-se pelos pratos ao mesmo tempo.

2.2.5 CONTROLADOR

O controlador é uma placa de circuito impresso, montada na base de uma unidade de disco. É composto por um microprocessador, memória interna, circuitos e firmware. O firmware controla a alimentação do motor do eixo e a velocidade do motor. Também trata da comunicação entre a unidade e o anfitrião.

2.2.6 Estrutura física do disco

Os dados no disco são documentados em pistas, que são anéis concêntricos no prato na ordem do fuso (figura 2.5); as pistas são numeradas, com início em zero, a partir do bordo externo do prato. O número de pistas por polegada (TPI) no prato (ou a densidade de pistas) indica a intensidade com que as pistas estão agrupadas num prato.

Cada pista está separada em unidades mais pequenas denominadas sectores. Um sector é a unidade de armazenamento mais pequena e independentemente endereçável. A disposição das pistas e dos sectores é escrita no prato pelo fabricante da unidade através de uma ação de formatação. O número de sectores por pista varia consoante a unidade em causa.

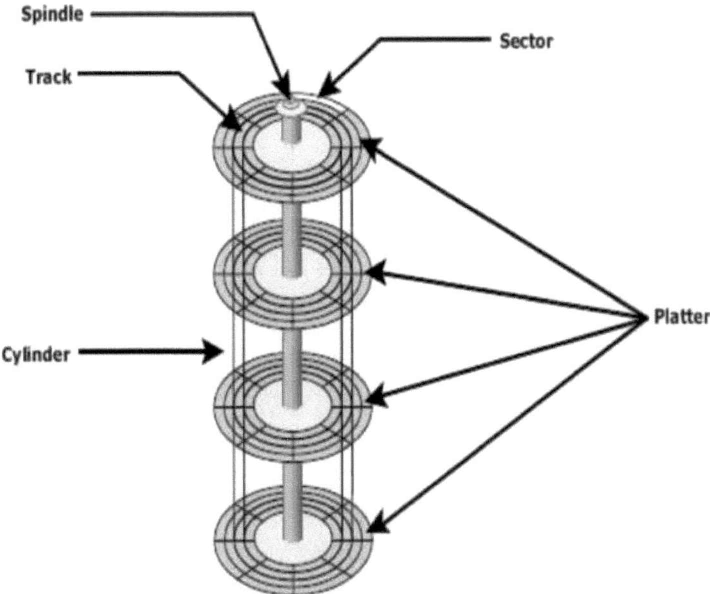

Figura 2.5: Estrutura do disco: sectores, pistas e cilindros

Normalmente, um sector contém 512 bytes de dados do consumidor, embora alguns discos possam ser formatados com tamanhos de sector maiores. Para além dos dados do utilizador, um sector também armazena informações adicionais, como o número do sector, o número da cabeça ou do prato e o número da pista. Estas informações ajudam o controlador a colocar os dados na unidade, mas o armazenamento destas informações utiliza espaço no disco. Consequentemente, existe uma diferenciação entre a capacidade de um disco não formatado e de um disco formatado. Os fabricantes de unidades promovem normalmente a capacidade não formatada - por exemplo, um disco promovido como tendo 500 GB apenas comporta 465,7 GB de dados do utilizador e os restantes 34,3 GB são utilizados para metadados.

Um cilindro é o local onde se encontram as faixas iguais nas superfícies mútuas de cada prato da unidade. O local das cabeças de acionamento é referido pelo número do cilindro.

2.2.7 REGISTO DE BITS ZONADOS

Uma vez que as placas estão preparadas com pistas concêntricas, as pistas exteriores podem conter mais dados do que as pistas interiores, porque as pistas exteriores são fisicamente mais longas do que as pistas interiores (figura 2.6a).

A gravação de bits de zona utiliza o disco de forma eficiente (figura 2.6b).

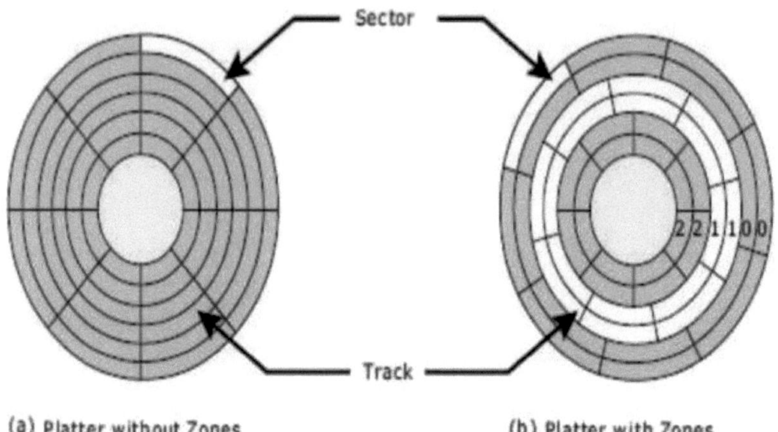

Figura 2-6: Registo de bits por zonas

A taxa de transferência de dados diminui quando se acede a dados de zonas mais próximas do centro do prato. As aplicações que exigem um desempenho elevado devem ter os seus dados nas zonas exteriores do prato.

2.2.8 ENDEREÇAMENTO DE BLOCOS LÓGICOS

Anteriormente, as unidades utilizavam endereços físicos que consistiam no número do *cilindro, da cabeça e do sector (CHS)* para passar para localizações exactas no disco (figura 2.7a). O *endereçamento de bloco lógico (LBA) (figura-2.7b)* simplifica o endereçamento utilizando um endereço linear para aceder a blocos físicos de dados. O controlador de disco traduz o LBA para um endereço CHS e o anfitrião pretende simplesmente distinguir o tamanho da unidade de disco em termos do número de blocos. Os blocos lógicos são mapeados para sectores físicos numa base 1:1.

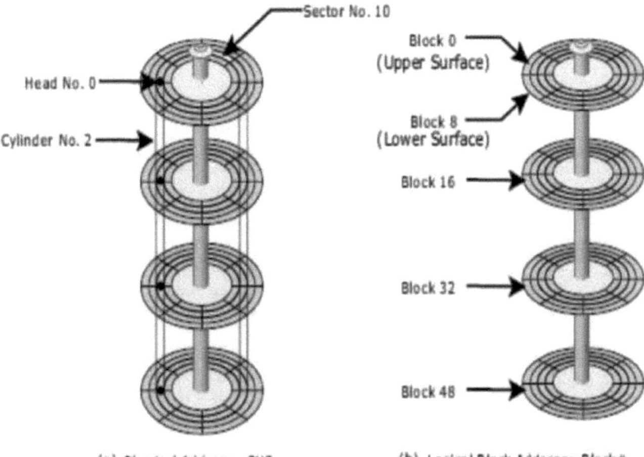

Figura 2-7: Endereço físico e endereço lógico do bloco

Na Figura 2.7b, a unidade ilustra oito sectores por pista, oito cabeças e quatro cilindros. Isto indica um total de 8 x 8 x 4 = 256 blocos, pelo que o número do bloco varia de 0 a 255. Cada bloco tem o seu próprio endereço distinto. Assumindo que o sector ocupa 512 bytes, uma unidade de 500 GB com uma capacidade formatada de 465,7 GB terá uma sobrecarga de 976.000.000 blocos.

2.3 DESEMPENHO DA UNIDADE DE DISCO

Uma unidade de disco é um mecanismo eletromecânico que gere a apresentação geral do ambiente do sistema de armazenamento.

2.3.1 TEMPO DE SERVIÇO DO DISCO

O tempo de serviço do disco é o tempo utilizado por um disco para incluir uma chamada de E/S. Os componentes que contribuem para o tempo de serviço de uma unidade de disco são o tempo de pesquisa, a latência rotacional e a taxa de transferência de dados.

Procurar tempo

O tempo de pesquisa (também designado por tempo de acesso) explica o tempo necessário para colocar as cabeças R/W ao longo do prato com um movimento radial (que afecta o raio do prato). Noutros termos, é o tempo necessário para deslocar e resolver o braço e a cabeça sobre a pista correcta. Quanto menor for o tempo de pesquisa, mais rápida é a operação de E/S. Os retalhistas de discos emitem as disposições subsequentes relativas ao tempo de pesquisa:

■ **Curso completo:** O tempo necessário para que a cabeça R/W se mova ao longo de toda a largura do disco, desde a pista mais interna até à pista mais externa.

■ **Média:** O tempo médio que a cabeça R/W demora a passar de uma pista aleatória para outra, normalmente programado como o tempo de um terço de um traço completo.

■ **Faixa a faixa:** O tempo que a cabeça R/W demora a deslocar-se entre pistas adjacentes.

Latência de rotação

Para aceder aos dados, o braço do atuador desloca a cabeça R/W acima do prato para uma pista exacta, enquanto o prato roda para posicionar o sector pretendido por baixo da cabeça R/W. O tempo que o prato demora a rodar e a colocar os dados por baixo da cabeça R/W é designado por *latência de rotação*. Esta latência depende da velocidade de rotação do eixo e é considerada em milissegundos.

Taxa de transferência de dados

A *taxa de transferência de dados* (também designada por *taxa de transferência*) refere-se à quantidade regular de dados por unidade de tempo que a unidade pode enviar para o HBA. Numa *operação de leitura*, os dados deslocam-se inicialmente dos pratos do disco para as cabeças R/W e, em seguida, para a memória *intermédia* interna da unidade. Por fim, os dados movem-se a partir da memória intermédia através do ponto de passagem para o HBA do anfitrião. Numa operação de *escrita*, os dados deslocam-se do HBA para o buffer interno da unidade de disco através da interface da unidade.

As taxas de transferência de dados através das operações R/W são deliberadas em termos de taxas de transferência interna e externa, como indicado na figura 2.8.

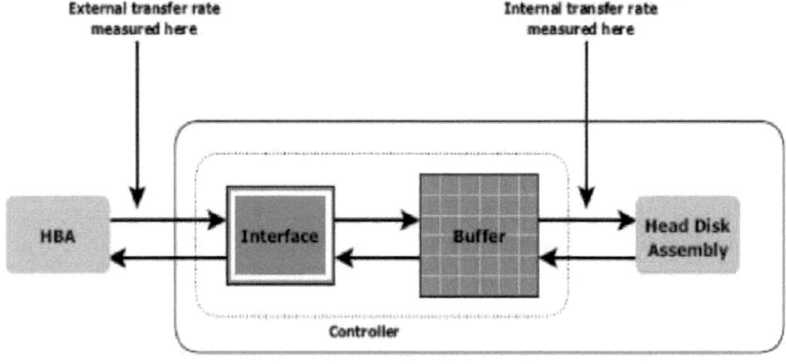

Figura 2-8: Taxa de transferência de dados

A taxa de transferência interna é a taxa a que os dados se deslocam de uma pista solitária do plano de um prato para a memória intermédia interna (cache) do disco. A taxa de transferência interna tem em consideração factores como o tempo de pesquisa. A taxa de *transferência externa* é a taxa à qual os dados podem ser movidos através da interface para o HBA.

2.4 LEIS FUNDAMENTAIS QUE REGEM

2.4.1 DESEMPENHO DO DISCO

Para nos identificarmos com as leis do desempenho do disco, um disco pode ser analisado como uma caixa negra constituída por dois elementos:

■ **Fila de espera:** O local onde um pedido de E/S aguarda antes de ser processado pelo controlador de E/S.

■ **Controlador de E/S do disco:** Processa as E/S que estão a aguardar na fila, uma a uma.

2.5 COMPONENTES LÓGICOS DO ANFITRIÃO

Os componentes lógicos de um anfitrião consistem nas aplicações de software e nos protocolos que permitem a comunicação de dados com o utilizador, bem como nos componentes físicos.

2.5.1 SISTEMA OPERATIVO

Um sistema operativo controla todas as partes do ambiente informático. Funciona entre a aplicação e os componentes físicos do sistema informático. Um sistema operativo também executa tarefas fundamentais de gestão do armazenamento, ao mesmo tempo que organiza outros componentes essenciais, como o sistema de ficheiros, o gestor de volumes e os controladores de dispositivos.

2.5.2 CONTROLADOR DE DISPOSITIVO

Um controlador de dispositivo é um software específico que permite que o sistema operativo se relacione com um dispositivo específico, como uma impressora, um rato ou um disco rígido. (Fornecido como uma *interface de programação de aplicações* ou *API*).

2.5.3 GESTOR DE VOLUMES

Nos primeiros dias, um HDD surge para o sistema operativo como um número de blocos de disco ininterruptos. À medida que a capacidade de armazenamento do HDD aumentava, atribuir todo o HDD ao sistema de ficheiros resultava frequentemente na subutilização da capacidade de armazenamento. O *particionamento de disco* foi introduzido para aumentar a elasticidade e a utilização dos HDDs. No particionamento, um HDD é dividido em contentores lógicos denominados *volumes lógicos (LVs) Figura 2.9. A concatenação* é o procedimento de combinar várias unidades físicas mais pequenas e apresentá-las ao anfitrião como uma única unidade lógica.

O LVM é um software que é executado no computador anfitrião e controla o armazenamento lógico e físico.

O LVM é uma camada intermédia, não obrigatória, entre o sistema de ficheiros e o disco físico.

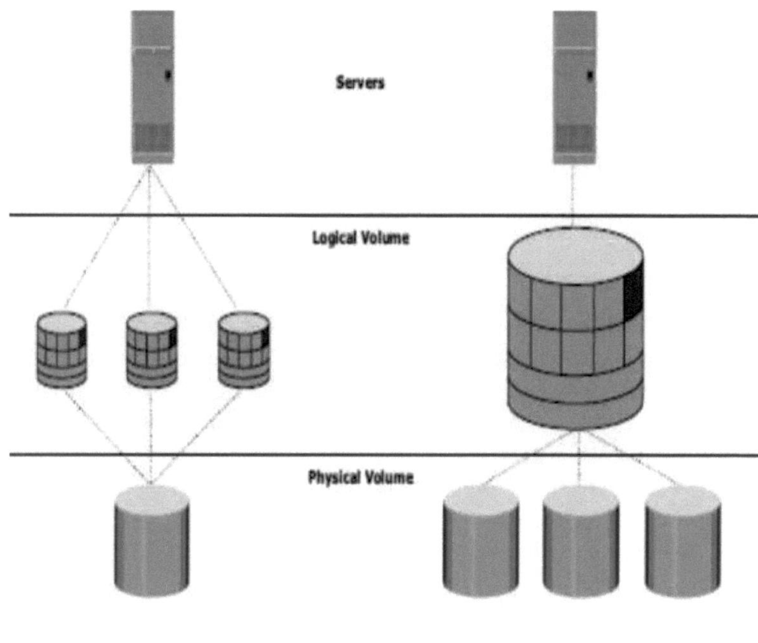

Figura 2-11: Particionamento e concatenação de discos

Os mecanismos LVM fundamentais são os *volumes físicos*, os *grupos de volumes* e os *volumes lógicos*.

2.5.4 SISTEMA DE FICHEIROS

Um ficheiro é um conjunto de registos ou dados associados armazenados como um componente com um nome. Um *sistema de ficheiros* é uma organização hierárquica de ficheiros. Os sistemas de ficheiros permitem um acesso simples aos ficheiros de dados que residem numa unidade de disco, numa partição de disco ou num volume lógico. Oferece aos utilizadores a funcionalidade de criar, modificar, apagar e aceder a ficheiros. Um sistema de ficheiros organiza os dados de uma forma hierárquica estruturada através da utilização de directórios, que são contentores para armazenar ponteiros para vários ficheiros.

Alguns dos sistemas de ficheiros gerais são os seguintes:

- FAT 32 (tabela de atribuição de ficheiros) utilizada para o Microsoft Windows
- Sistema de ficheiros NT (NTFS) utilizado para o Microsoft Windows
- Sistema de ficheiros UNIX (UFS) utilizado para o UNIX
- Sistema de ficheiros alargado (EXT2/3) utilizado para Linux

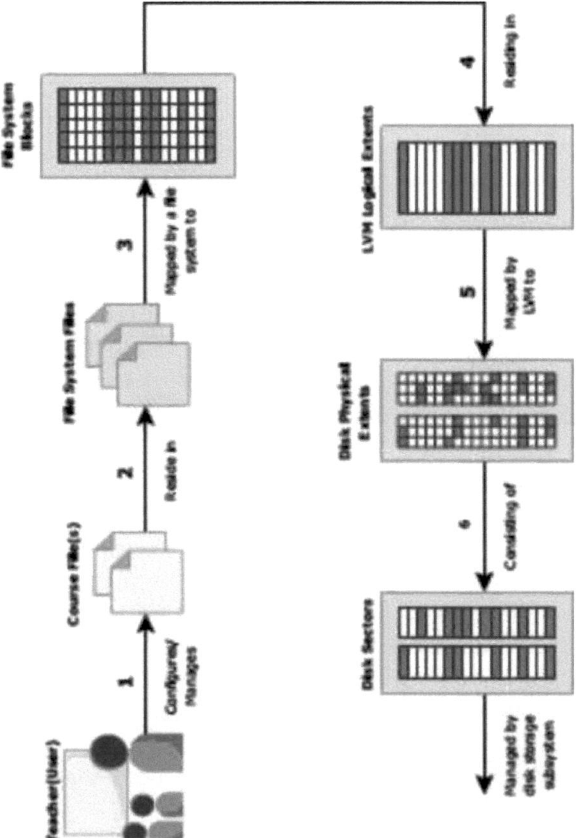

Figura 2-12: Processo de mapeamento dos ficheiros do utilizador para o armazenamento em disco

Um bloco do sistema de ficheiros é o "contentor" nominal do espaço físico do disco destinado aos dados. O tamanho do sistema de ficheiros depende do tamanho do bloco e do número total de blocos de dados armazenados.

A árvore do sistema de ficheiros começa com o diretório raiz. O diretório raiz tem um certo número de subdirectórios. Um sistema de ficheiros tem de ser montado antes de poder ser utilizado.

A Figura 2-10 indica o processo subsequente de mapeamento dos ficheiros do utilizador para o subsistema de armazenamento em disco com um LVM:

1. Os ficheiros são formados e controlados por utilizadores e aplicações.

2. Estes ficheiros existem nos sistemas de ficheiros.

3. Os sistemas de ficheiros são então mapeados para unidades de dados, ou blocos de sistemas de ficheiros.

4. Os blocos do sistema de ficheiros são mapeados para extensões lógicas.

5. Estes, por sua vez, são mapeados para extensões físicas do disco também pelo

sistema operativo ou pelo LVM.

6. Estas extensões físicas são mapeadas para o subsistema de armazenamento em disco.

2.5.5 APLICAÇÃO

Uma *aplicação* é um programa de computador que oferece a lógica para operações de computação. Concede um ponto de passagem entre o utilizador e o anfitrião e com vários anfitriões. (Arquitetura em três níveis).

2.6 REQUISITOS DA APLICAÇÃO E DESEMPENHO DO DISCO

A análise dos requisitos de armazenamento das aplicações começa, de forma conservadora, com a capacidade de armazenamento formativa. Isto pode ser simplesmente esperado pelo tamanho e número de sistemas de ficheiros e mecanismos de bases de dados que serão utilizados pelas aplicações. A dimensão das E/S da aplicação e o número de E/S que a aplicação gera são duas medidas significativas que afectam o desempenho do disco e o tempo de resposta. Consequentemente, a conceção e disposição do armazenamento para uma aplicação começa com o seguinte:

1. Considere o número de E/S geradas ao atingir a carga de trabalho de ponto mais elevado

2. Manuscrito do tamanho de E/S da aplicação ou do tamanho do bloco

2.6.1 PROTECÇÃO DE DADOS: RAID

O RAID é uma tecnologia facilitadora que influencia vários discos como divisão de um local, o que proporciona proteção de dados para além de falhas do HDD. Em 1987, Patterson, Gibson e Katz, da Universidade da Califórnia, em Berkeley, publicaram um artigo intitulado "A Case for Redundant Arrays of Inexpensive Disks (RAID)".

2.6.2 IMPLEMENTAÇÃO DO RAID

Existem dois tipos de implementação de RAID, hardware e software.

2.6.2.1 RAID DE SOFTWARE

O RAID por software utiliza um software baseado no anfitrião para permitir as funções RAID. As implementações de RAID por software sugerem vantagens em termos de custos e de limpeza em comparação com o RAID por hardware. No entanto, têm as restrições subsequentes:

■ **Desempenho:** O software RAID afecta o desempenho de todo o sistema. Isto deve-se aos ciclos suplementares da CPU necessários para efetuar os cálculos RAID. O impacto no desempenho é ainda mais proeminente para as implementações compostas de RAID, tal como aprofundado mais adiante nesta secção.

■ **Recursos suportados:** O software RAID não suporta todos e cada um dos níveis RAID.

■ **Compatibilidade do sistema operativo:** O software RAID está ligado ao sistema operativo do anfitrião, pelo que as actualizações do software RAID ou do sistema operativo devem ser validadas quanto à sua compatibilidade. Isto leva a uma rigidez na localização do processamento de dados.

2.6.2.2 RAID DE HARDWARE

Nas implementações RAID por hardware, é utilizado um gestor de hardware dedicado, quer no anfitrião quer na matriz. O RAID de placa controladora é uma execução de RAID por hardware baseada no anfitrião, em que um controlador RAID dedicado é instalado no anfitrião e os discos rígidos são associados a ele. O controlador RAID inter-relaciona-se com os discos rígidos através de um barramento PCI. Os fabricantes também integram controladores RAID nas placas-mãe.

O controlador RAID externo é um hardware RAID baseado numa matriz. Actua como uma fronteira entre o anfitrião e os discos. As principais funções dos controladores RAID são:

- Organização e gestão de agregações de discos
- Transformação de pedidos de E/S entre discos lógicos e discos físicos
- Regeneração de dados na ocorrência de falhas de disco

2.7 COMPONENTES DA MATRIZ RAID

A matriz RAID é um espaço fechado que inclui um número de HDDs e o hardware e software subjacentes para executar o RAID. Os HDDs dentro de uma matriz RAID são tipicamente fechados em sub-recintos mais pequenos. Estes sub-recintos, ou matrizes físicas, agrupam um número rígido de HDDs e podem também conter outro hardware de suporte, como fontes de alimentação. Um destacamento de discos numa matriz RAID pode ser reunido para formar associações lógicas denominadas matrizes lógicas, também conhecidas como conjunto RAID ou grupo RAID (ver figura 2.13).

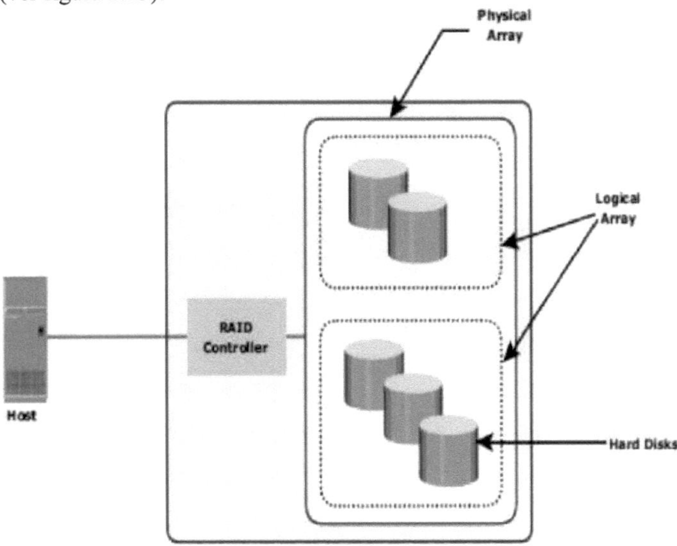

Figura 2.13: Componentes da matriz RAID

2.8 NÍVEIS DE RAID

Os níveis RAID são distintos com base nas técnicas de striping, mirroring e paridade. Estas técnicas decidem a disponibilidade de dados e a distinção de desempenho de uma matriz. Algumas matrizes RAID utilizam uma técnica, enquanto outras utilizam um agrupamento de técnicas. Os requisitos de desempenho da aplicação e de disponibilidade dos dados decidem a seleção do nível RAID.

NÍVEIS	BREVE DESCRIÇÃO
RAID 0	Matriz listrada sem tolerância a falhas
RAID]	Espelhamento de disco
RAID 3	Matriz de acesso paralelo com disco de paridade dedicado
RAID 4	Matriz estriada com discos independentes e um disco de paridade dedicado
RAID 5	Matriz estriada com discos independentes e paridade distribuída
RAID 6	Matriz estriada com discos independentes e paridade distribuída dupla
Aninhado	Combinações de níveis RAID. Exemplo: RAID] + RAID 0

2.8.1 RASTREAMENTO

Um local RAID é uma coleção de discos. Dentro de cada disco, um número predefinido de blocos de disco endereçáveis próximos são distintos como tiras. A posição de tiras aliadas que se estende por todos os discos dentro do conjunto RAID é rotulada como uma faixa, ver figura 2.14.

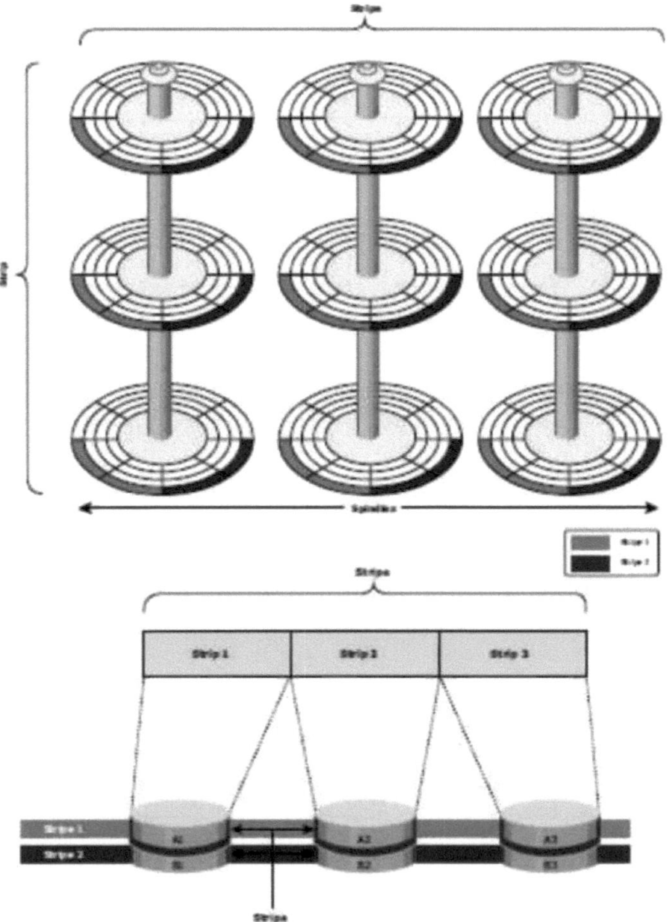

O tamanho da faixa (também chamado de profundidade da faixa) explica o número de blocos numa faixa e é a quantidade máxima de dados que podem ser gravados ou lidos a partir de um único HDD no local antes de o HDD subsequente estar em acesso.

O tamanho da faixa é uma multiplicação do tamanho da faixa pelo número de HDDs no depósito RAID. A largura da faixa refere-se ao número de faixas de dados numa faixa.

2.8.2 ESPELHAMENTO

O espelhamento é uma técnica em que os dados são armazenados em dois HDDs diferentes, aquiescendo a duas cópias dos dados. Na ocorrência de uma falha num HDD, os dados são integrados no HDD existente (ver Figura 2.15) e o controlador continua a servir os pedidos de dados do anfitrião a partir do disco existente de um par espelhado.

Espelhamento

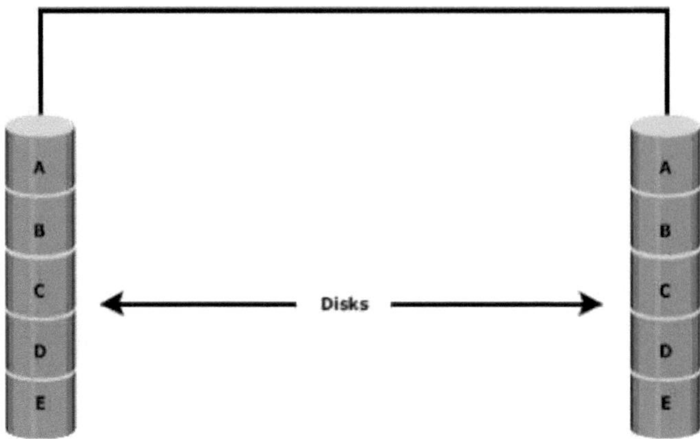

Figura 2.15: Discos espelhados numa matriz

Quando o disco avariado é substituído por um novo disco, o controlador duplica os dados do disco existente do par espelhado. Este movimento é óbvio para o anfitrião.

Para além de fornecer redundância absoluta de dados, o espelhamento permite uma recuperação mais rápida em caso de falha do disco. No entanto, o espelhamento de disco oferece apenas proteção de dados e não é uma alternativa à cópia de segurança dos dados. O espelhamento retém continuamente as alterações nos dados, enquanto uma cópia de segurança limita as imagens pontuais dos dados.

O espelhamento envolve a duplicação de dados - a quantidade de capacidade de armazenamento necessária é o dobro da quantidade de dados que está a ser armazenada. Como resultado, o espelhamento é medido com classe e é escolhido para aplicações de missão crítica que não podem permitir a perda de dados.

2.8.3 PARIDADE

A paridade é uma técnica que permite proteger os dados listados contra avarias no disco rígido, sem o custo do espelhamento. A paridade é uma verificação de redundância que garante a segurança total dos dados sem manter um conjunto completo de dados fotocopiados.

A paridade em sequência pode ser armazenada em HDDs destacados e dedicados ou espalhados por todas as unidades num conjunto RAID. A Figura 2.16 ilustra um RAID de paridade. Os primeiros quatro discos, rotulados como D, incluem os dados. O quinto disco, rotulado P, armazena as informações de paridade, que neste caso é a soma dos elementos em cada linha. Neste momento, se um dos Ds falhar, o valor ausente pode ser calculado subtraindo a soma dos restantes elementos do valor de paridade.

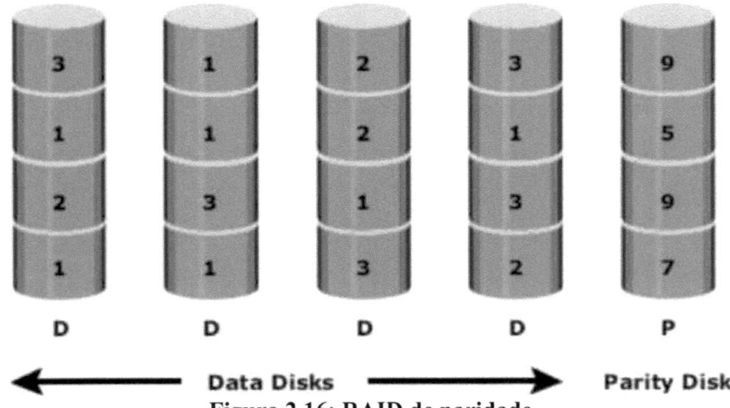

Figura 2.16: RAID de paridade

2.8.4 RAID 0

Num padrão RAID 0, os dados são distribuídos transversalmente pelos HDD num conjunto RAID. Utiliza a capacidade total de armazenamento distribuindo tiras de dados por vários HDD num conjunto RAID. Para ler os dados, todas as faixas são colocadas de volta coletivamente pelo controlador. A dimensão das faixas é determinada a nível do anfitrião para o RAID por software e é definida pelo fornecedor para o RAID por hardware. A Figura 2.17 ilustra o RAID 0 numa matriz de armazenamento em que os dados são distribuídos por 5 discos. Quando o número de unidades na matriz aumenta, o desempenho progride, uma vez que podem ser lidos ou escritos mais dados ao mesmo tempo. O RAID 0 não oferece proteção e disponibilidade de dados em caso de falha de uma unidade.

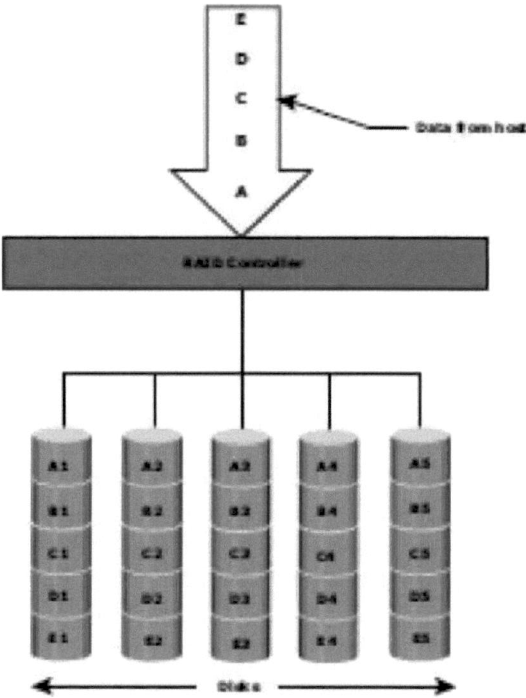

Figura 2.17: RAID 0

2.8.5 RAID 1

Numa configuração RAID 1, os dados são espelhados para aumentar a tolerância a falhas, ver figura 2.18. Uma coleção RAID 1 é constituída por, pelo menos, dois discos rígidos. Os controladores RAID utilizam a unidade espelho para recuperação de dados e funcionamento incessante. O RAID 1 é adequado para aplicações que necessitam de elevada disponibilidade.

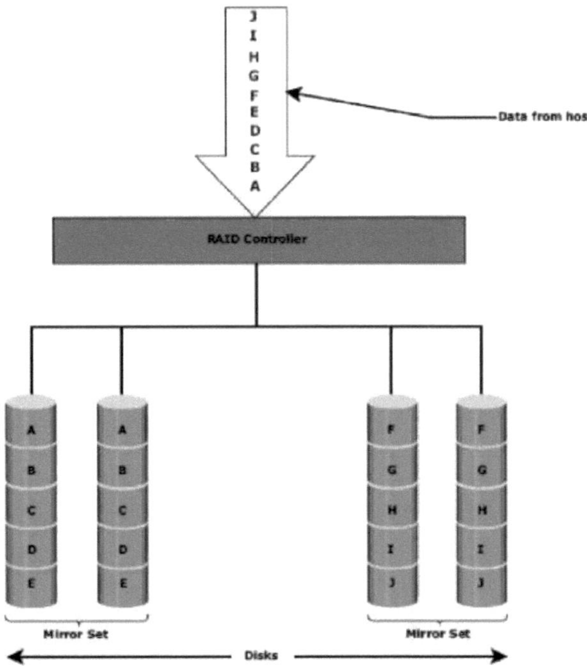

Figura 2.18: RAID 1

2.8.6 RAID aninhado

Na maioria dos casos, os centros de dados precisam de redundância de dados e de desempenho das suas matrizes RAID. RAID 0+1 e RAID 1+0 unem a remuneração de desempenho de

RAID 0 com a remuneração de redundância do RAID 1. Utilizam técnicas de striping e mirroring e unem a sua remuneração. Estes tipos de RAID necessitam de um número par de discos, sendo o mínimo de quatro (ver Figura 2-19).

O RAID 1+0 também é conhecido como RAID 10 (Dez) ou RAID 1/0. Da mesma forma, o RAID 0+1 também é conhecido como RAID 01 ou RAID 0/1.

Algumas aplicações que ganham com o RAID 1+0 são as seguintes

■ Elevada taxa de transacções Processamento de transacções em linha (OLTP)

■ Grandes instalações de mensagens

■ Aplicações de bases de dados que necessitam de uma elevada taxa de E/S, acesso aleatório e elevada disponibilidade.

Um mal-entendido geral é que RAID 1+0 e RAID 0+1 são a mesma coisa. Em condições normais, os níveis RAID 1+0 e 0+1 oferecem os mesmos benefícios. No entanto, as operações de recriação em caso de falha do disco são diferentes entre os dois.

O RAID 1+0 também é designado por espelho striped. O fator essencial do RAID 1+0 é um par espelhado, o que significa que os dados são inicialmente espelhados e, em seguida, as cópias mútuas dos dados são distribuídas por vários HDD num conjunto RAID.

O RAID 0+1 também é designado por mirrored stripe. O fator essencial do RAID 0+1 é uma faixa. Isto significa que o procedimento de distribuição de dados entre os HDDs é efectuado em primeiro lugar e, em seguida, toda a faixa é espelhada. Se uma unidade falhar, toda a faixa é danificada.

2.8.7 RAID 3

O RAID 3 distribui dados por faixas para um elevado desempenho e utiliza paridade para uma maior tolerância a falhas. As informações de paridade são armazenadas numa unidade dedicada para que os dados possam ser reestruturados se uma unidade falhar. O RAID 3 lê e grava constantemente faixas absolutas de dados em todos os discos, pois as unidades funcionam em paralelo. A Figura 2-19 ilustra a implementação do RAID 3. O RAID 3 oferece uma boa largura de banda para o transporte de grandes volumes de dados. O RAID 3 é usado em aplicações que envolvem grande acesso a dados cronológicos, como streaming de vídeo.

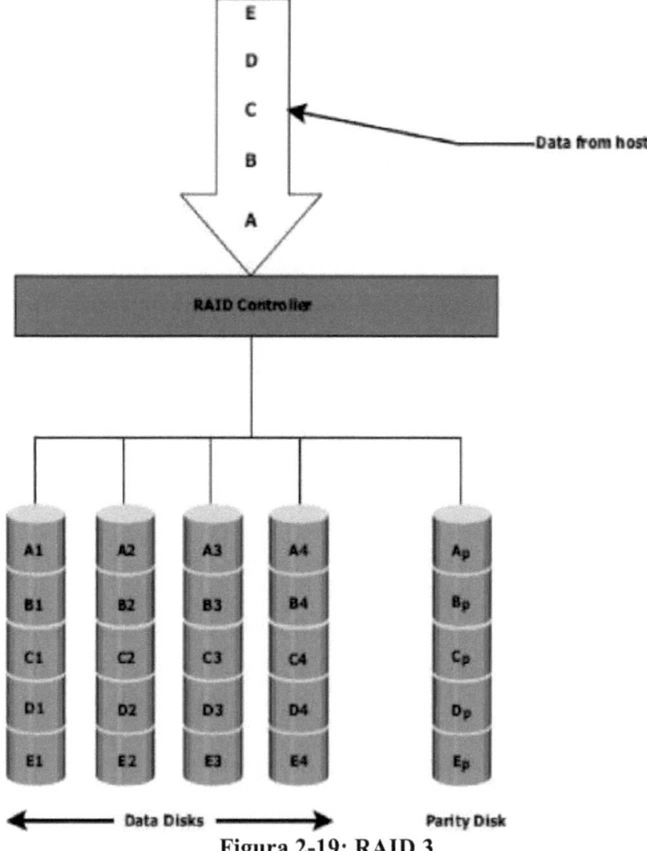

Figura 2-19: RAID 3

2.8.8 RAID 4

O RAID 4 distribui os dados por faixas para um desempenho elevado e utiliza paridade para uma melhor tolerância a falhas. Ao contrário do RAID 3, os discos de dados no RAID 4 podem ser acedidos sem ajuda, de modo a que elementos de dados precisos possam ser lidos ou escritos num único disco sem que seja necessário ler ou escrever uma faixa completa. O RAID 4 proporciona um débito de leitura superior e um débito de escrita uniforme.

2.8.9 RAID 5

A distinção entre RAID 4 e RAID 5 é a localização da paridade. No RAID 4, a paridade é escrita numa unidade dedicada, criando um bloqueio de escrita para o disco de paridade. No RAID 5, a paridade é dispersa por todos os discos. A distribuição da paridade no RAID 5 supera o bloqueio de escrita. A Figura 2-20 ilustra a implementação do RAID 5.

O RAID 5 é escolhido para mensagens, extração de dados, serviço de multimédia de desempenho médio e implementações de sistemas de gestão de bases de dados relacionais (RDBMS) em que os administradores de bases de dados (DBAs) optimizam o acesso aos dados.

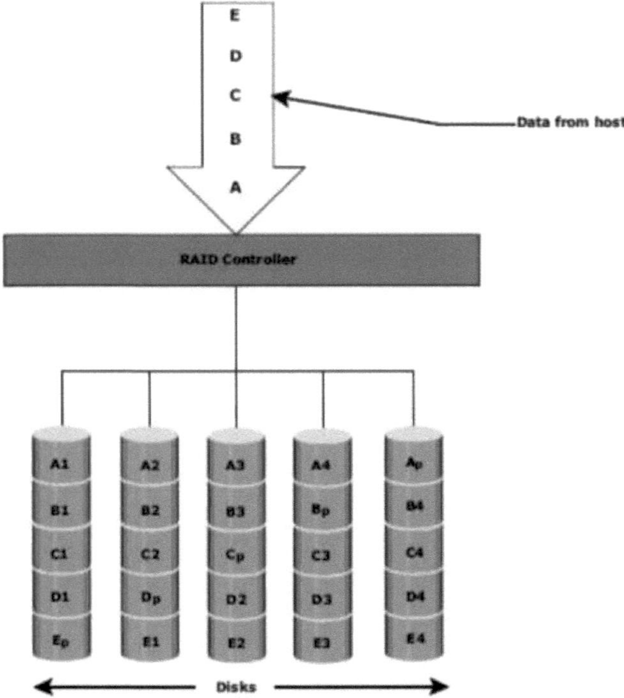

Figura 2-20: RAID 5

2.8.10 RAID 6

O RAID 6 contém um segundo fator de paridade para permitir a continuação da existência em caso de falha de dois discos num grupo RAID (figura 2.21). O RAID 6 distribui a paridade por todos os discos.

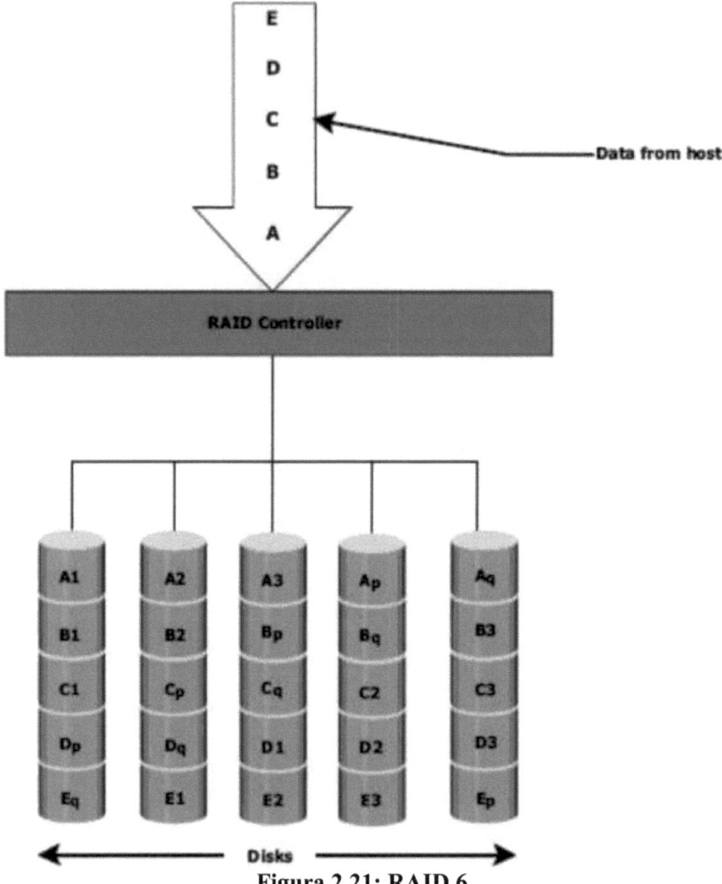

Figura 2.21: RAID 6

2.9 COMPARAÇÃO DE RAIDS

RAID	MIN. DISKS	STORAGE EFFICIENCY %	COST	READ PERFORMANCE	WRITE PERFORMANCE	WRITE PENALTY	PROTECTION
0	2	100	Low	Good for both random and sequential reads	Good	No	No protection
1	2	50	High	Better than single disk	Slower than single disk because every write must be committed to all disks	Moderate	Mirror protection
3	3	$[(n-1)/n] \times 100$ where n= number of disks	Moderate	Fair for random reads and good for sequential reads	Poor to fair for small random writes and fair for large, sequential writes	High	Parity protection for single disk failure
4	3	$[(n-1)/n] \times 100$ where n= number of disks	Moderate	Good for random and sequential reads	fair for random and sequential writes	High	Parity protection for single disk failure
5	3	$[(n-1)/n] \times 100$ where n= number of disks	Moderate	Good for random and sequential reads	Fair for random and sequential writes	High	Parity protection for single disk failure
6	4	$[(n-2)/n] \times 100$ where n= number of disks	Moderate but more than RAID 5.	Good for random and sequential reads	Poor to fair for random writes and fair for sequential writes	Very High	Parity protection for two disk failures
1+0 and 0+1	4	50	High	Good	Good	Moderate	Mirror protection

2.10 SISTEMA DE ARMAZENAMENTO INTELIGENTE

As aplicações críticas para o negócio necessitam de elevados níveis de desempenho, disponibilidade, segurança e escalabilidade.

Os sistemas de armazenamento são configurados com enormes quantidades de memória, denominada cache, e utilizam algoritmos complicados para reunir os requisitos de E/S das aplicações com bom desempenho.

2.10.1 COMPONENTES DE UM SISTEMA DE ARMAZENAMENTO INTELIGENTE

Um sistema de armazenamento inteligente é constituído por quatro componentes principais: front end, cache, back end e discos físicos. A Figura 2-22 mostra estes componentes e as suas interligações.

2.10.1.1 FRONT END

O front end constitui a fronteira entre o sistema de armazenamento e o anfitrião. É constituído por dois componentes: portas front-end e controladores front-end. As portas front-end permitem que os anfitriões se liguem ao sistema de armazenamento inteligente. Um controlador front-end transmite dados de e para a cache através do barramento de dados interno. Enquanto a cache recebe dados de escrita, o controlador envia uma mensagem de resposta de apoio ao anfitrião. Os controladores optimizam o processamento de E/S através de algoritmos de enfileiramento de comandos.

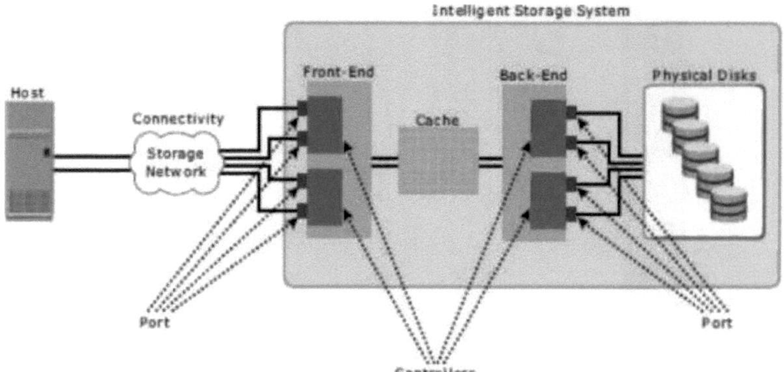

Figura 2.22: Componentes de um sistema de armazenamento inteligente
Enfileiramento de comandos front-end

A fila de comandos é um método implementado nos controladores front-end. Decide a ordem de execução dos comandos esperados e pode diminuir os movimentos desnecessários da cabeça da unidade e melhorar o desempenho do disco.

Os algoritmos de enfileiramento de comandos mais utilizados são os seguintes

■ **Primeiro a entrar, primeiro a sair** (FIFO): Este é o algoritmo padrão onde os comandos são executados na ordem em que são esperados. Não há reordenação dos pedidos de otimização; por conseguinte, é ineficaz em termos de desempenho.

■ **Otimização do tempo de procura:** Os comandos são executados com base na otimização dos movimentos da cabeça de leitura/escrita, o que pode resultar na reordenação dos comandos. Sem a otimização do tempo de pesquisa, os comandos são executados pela ordem em que são recebidos. Por exemplo, como mostrado na Figura 2-23a, os comandos são executados na ordem A, B, C e D. O movimento radial necessário para que a cabeça execute C imediatamente após A é menor do que o necessário para executar B. Com a otimização do tempo de busca, a seqüência de execução do comando seria A, C, B e D, como mostrado na Figura 2.23b.

■ **Otimização do tempo de acesso:** Os comandos são executados com base na disposição da otimização do tempo de procura e num estudo da latência rotacional para obter o melhor desempenho possível.

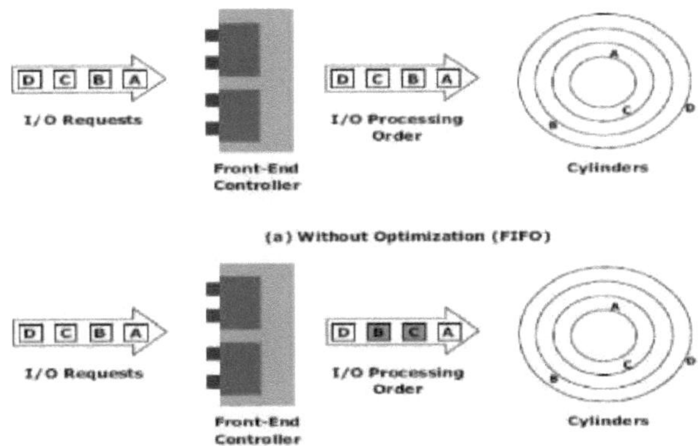

(b) Com otimização do tempo de pesquisa

Figura 2.23: Enfileiramento de comandos front-end

2.10.1.2 Cache

A cache é um elemento importante que melhora o desempenho de E/S num sistema de armazenamento inteligente. A cache é uma memória semicondutora onde os dados são posicionados momentaneamente para diminuir o tempo essencial para satisfazer as necessidades de E/S do anfitrião.

Estrutura da cache

A cache é pré-arranjada em páginas ou slots, que é a unidade mínima de atribuição de cache. O tamanho de uma página de cache é configurado de acordo com o tamanho de E/S da aplicação. A cache é constituída pelo armazenamento de dados e pela RAM de etiquetas. O armazenamento de dados cliva os dados à medida que a RAM de etiquetas regista a posição dos dados no armazenamento de dados (ver Figura 2-24) e no disco.

As entradas na RAM de etiquetas indicam onde os dados são originados na cache e onde os dados pertencem no disco. A RAM de etiquetas inclui um sinalizador de bit sujo, que indica se os dados na cache foram dedicados ao disco ou não. Inclui também informações baseadas no tempo, como a hora do último acesso, que são utilizadas para reconhecer informações em cache que não foram acedidas durante um longo período e que podem ser libertadas.

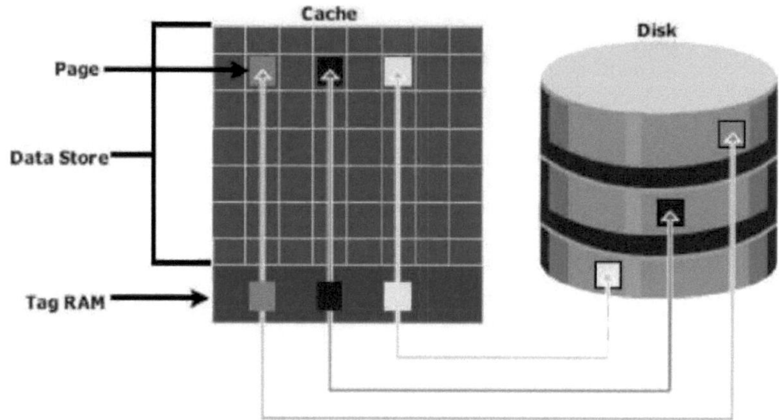

Figura 2.24: Estrutura da cache

Operação de leitura com cache

Quando um anfitrião emite um pedido de leitura, o controlador front-end acede à RAM da etiqueta para decidir se os dados necessários estão acessíveis na cache. Se os dados solicitados forem iniciados na cache, chama-se um acerto de leitura na cache ou um acerto de leitura e os dados são enviados diretamente para o anfitrião, sem qualquer operação de disco. Isto proporciona um tempo de resposta rápido para o anfitrião (cerca de um milissegundo). Se os dados solicitados não estiverem na cache, chama-se uma falha de cache e os dados têm de ser lidos a partir do disco.

Operação de escrita com cache

Uma função de escrita com cache é implementada da seguinte forma:

■ **Cache de write-back:** Os dados são colocados na cache e uma confissão é enviada instantaneamente para o anfitrião. Mais tarde, os dados de várias escritas são dedicados (destruídos) para o disco. Os tempos de resposta de escrita são muito mais rápidos, uma vez que as operações de escrita são inacessíveis aos retrocessos automáticos do disco. No entanto, os dados desinteressados correm o risco de falhar na ocorrência de falhas na cache.

■ **Cache de escrita:** Os dados são mantidos na cache e escritos diretamente no disco, sendo enviada uma confissão para o anfitrião. Como os dados são dedicados ao disco à medida que chegam, os riscos de perda de dados são baixos, mas o tempo de resposta de escrita é mais longo devido às operações do disco.

Implementação da cache

As caches podem ser implementadas como cache dedicada ou cache abrangente. Com a cache dedicada, são mantidos conjuntos separados de posições de memória para leituras e escritas. Na cache abrangente, tanto as leituras como as escritas podem utilizar qualquer um dos endereços de memória acessíveis.

Gestão da cache

São aplicados diferentes algoritmos de gestão de cache em sistemas de armazenamento inteligentes para manter proactivamente um conjunto de páginas livres e uma lista de páginas que podem ser potencialmente desvinculadas sempre que necessário:

■ **Menos utilizado recentemente (LRU):** Um algoritmo que monitoriza incessantemente o acesso aos dados na cache e reconhece as páginas da cache que não foram acedidas durante um período extenso. Além disso, o LRU liberta estas páginas ou inscreve-as para reprocessamento. Este algoritmo baseia-se na hipótese de que os dados que não foram acedidos durante algum tempo não serão solicitados pelo anfitrião. No entanto, se uma página incluir dados de escrita que ainda não tenham sido dedicados ao disco, os dados serão primeiro escritos no disco antes de a página ser reutilizada.

■ **Mais Recentemente Utilizado (MRU):** Um algoritmo que é a discussão do LRU. No MRU, as páginas que foram acedidas mais recentemente são libertadas ou ficam visíveis para serem utilizadas novamente. Este algoritmo baseia-se no pressuposto de que os dados acedidos recentemente podem não ser essenciais durante algum tempo.

A descarga é o procedimento de transferência de dados da cache para o disco. Com base na taxa de acesso E/S e no protótipo, são definidos na cache níveis altos e baixos, denominados *marcas de água,* para supervisionar o processo de descarga. A marca de *água alta (HWM)* é o nível de exploração da cache a partir do qual o sistema de armazenamento inicia a descarga a alta velocidade dos dados da cache. A *marca de água baixa (LWM)* é a posição em que o sistema de armazenamento pára a descarga forçada ou a alta velocidade e regressa ao desempenho de descarga em vazio. O nível de utilização da cache, conforme ilustrado na Figura 2-25, determina o modo de descarga a ser utilizado:

■ **Descarga ociosa:** Ocorre constantemente, a uma taxa modesta, quando o nível de utilização da cache está a envolver a marca de água baixa e alta.

■ **Lavagem de marca de água elevada:** activada quando a exploração da cache atinge a marca de água elevada. Os sistemas de armazenamento dedicam alguns recursos extra à descarga. Este tipo de limpeza tem um impacto mínimo no processamento de E/S do anfitrião.

■ **Lavagem forçada:** Ocorre na ocorrência de uma grande explosão de E/S quando a cache atinge 100% da sua capacidade, o que afecta consideravelmente o tempo de resposta de E/S. Na descarga forçada, as páginas sujas são obrigatoriamente descarregadas para o disco.

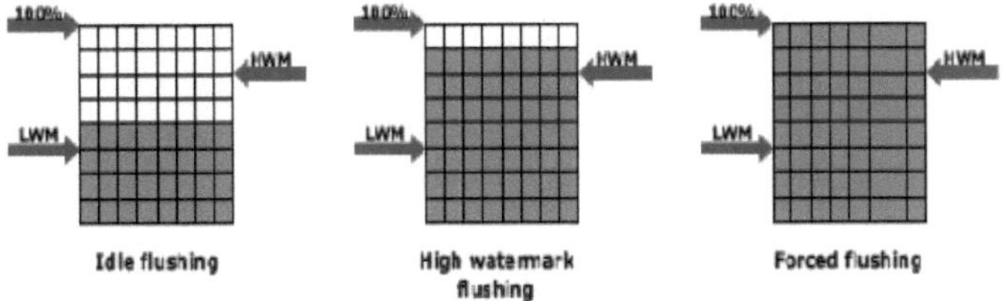

Figura 2.25: Tipos de lavagem

2.10.1.3 Back End

O back-end fornece uma interface entre a cache e os discos físicos. É constituído por dois componentes: portas back-end e controladores back-end. O back-end controla o transporte de dados entre a cache e os discos físicos. Os discos físicos são associados a portas no back-end. O controlador back-end corresponde aos discos quando efectua leituras e gravações e também fornece armazenamento de dados momentâneo adicional, mas limitado.

Para uma elevada proteção e acessibilidade dos dados, os sistemas de armazenamento são configurados com controladores duplos com várias portas. Estas configurações oferecem um caminho alternativo para os discos físicos em caso de falha de um controlador ou de uma porta.

2.10.1.4 DISCO FÍSICO

Um disco físico armazena dados de forma estável. Os discos são associados ao back-end com qualquer interface SCSI ou Fibre Channel. Um sistema de armazenamento inteligente facilita a utilização de uma mistura de unidades SCSI ou Fibre Channel, bem como de unidades IDE/ATA.

2.11 MATRIZ DE ARMAZENAMENTO INTELIGENTE

Os sistemas de armazenamento inteligente enquadram-se normalmente numa das duas categorias seguintes:

- Sistemas de armazenamento topo de gama
- Sistemas de armazenamento de gama média

2.11.1 SISTEMAS DE ARMAZENAMENTO TOPO DE GAMA

Os sistemas de armazenamento topo de gama, designados por *matrizes ativo-ativo,* destinam-se normalmente a grandes empreendimentos para centralizar dados comerciais. Estas matrizes são concebidas com um grande número de controladores e de memória cache. Uma matriz ativa-ativa implica que o anfitrião pode efetuar E/S para os seus LUNs através de qualquer um dos caminhos acessíveis (ver figura 2.26).

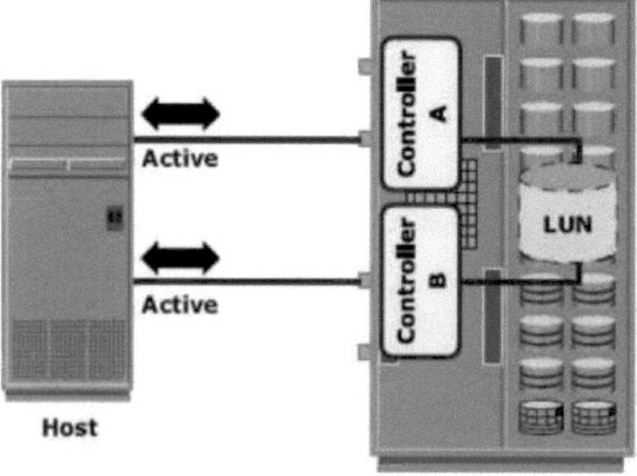

Figura 2.26: Configuração ativo-ativo

Para satisfazer os desejos de armazenamento de esforço, estas matrizes oferecem as seguintes capacidades:

*   Grande capacidade de armazenamento.

*   Grandes quantidades de cache para verificar as E/S do anfitrião de forma óptima.

*   Conceção de tolerância a falhas para desenvolver a disponibilidade dos dados.

*   Conectividade com computadores mainframe e hosts de sistemas abertos.

*   Facilidade de utilização de várias portas front-end e protocolos de interface para fornecer um grande número de anfitriões.

*   Acessibilidade de vários controladores de back-end Fibre Channel ou SCSI RAID para tratar do processamento de discos.

*   Escalabilidade para manter as necessidades de conetividade, desempenho e capacidade de armazenamento melhoradas.

*   Capacidade para potenciar grandes quantidades de E/S simultâneas a partir de um número de

servidores e aplicações.

*   Sustentar a duplicação local e remota baseada em matrizes.

Para além destas características, as matrizes topo de gama possuem algumas características e funcionalidades únicas que são necessárias para aplicações de missão crítica em grandes empreendimentos.

2.11.2 SISTEMA DE ARMAZENAMENTO DE GAMA MÉDIA

As matrizes activas-passivas oferecem as melhores soluções de armazenamento possíveis a custos mais baixos. As empresas tiram partido desta vantagem em termos de custos e executam matrizes activas-passivas para satisfazer as necessidades precisas das aplicações, como o desempenho, a disponibilidade e a escalabilidade.

Os sistemas de armazenamento de gama média são também referidos como matrizes *ativo-passivo* e são mais adequados para pequenas e médias empresas. Numa matriz ativa-passiva, um anfitrião pode efetuar E/S para uma LUN apenas durante os caminhos para o controlador individual dessa LUN. Estes caminhos são designados por *caminhos activos*. Os outros caminhos são passivos em relação a este LUN, ver figura 2-27.

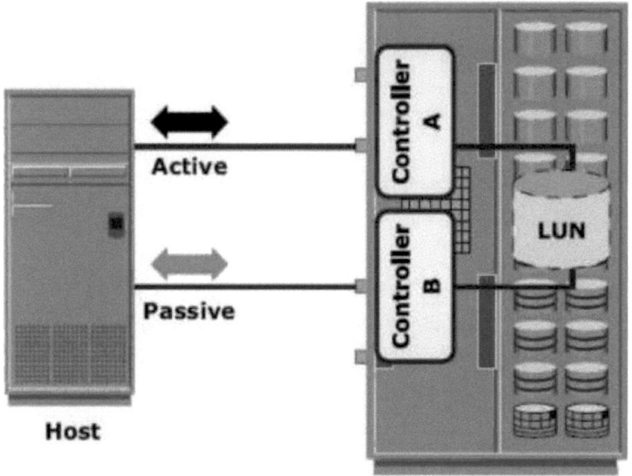

Figura 2-27: Configuração ativa-passiva

As matrizes de gama média destinam-se a satisfazer as necessidades das pequenas e médias empresas; consequentemente, alojam uma menor quantidade de capacidade de armazenamento e de cache global do que as matrizes ativo-ativo. O número de portas front-end para associação a servidores também é menor. No entanto, asseguram uma elevada redundância e um elevado desempenho para aplicações com cargas de trabalho previstas. Também mantêm a duplicação local e remota baseada em matrizes.

INTRODUÇÃO AO ARMAZENAMENTO EM REDE

3.1 INTRODUÇÃO: REDES DE ÁREA DE ARMAZENAMENTO

As empresas compreendem um desenvolvimento volátil da informação. Estas informações devem ser armazenadas, protegidas, optimizadas e geridas de forma eficiente. Os gestores de centros de dados estão sobrecarregados com a exigente tarefa de fornecer esclarecimentos sobre a gestão da informação de baixo custo e elevado desempenho. Uma resolução eficaz de gestão de informações deve fornecer o seguinte:

■ **Informação "just-in-time" para os utilizadores empresariais:** A necessidade de informação está acessível aos utilizadores de produção quando estes a requerem. O desenvolvimento volátil do armazenamento em linha e a necessidade de disponibilidade de dados 24 horas por dia, 7 dias por semana, são alguns dos desafios que têm de ser enfrentados.

■ **Integração da infraestrutura de informação nos processos empresariais:** A infraestrutura de armazenamento deve ser integrada numa variedade de processos empresariais sem comprometer a sua segurança e integridade.

■   **Arquitetura de armazenamento flexível e   resiliente   :**
    A arquitetura de armazenamento
as comunicações devem proporcionar elasticidade e flexibilidade que se alinhe com a alteração dos requisitos comerciais. O armazenamento deve ser escalonável sem comprometer os requisitos consideráveis das aplicações e, ao mesmo tempo, o custo total da informação de supervisão deve ser baixo.

As tentativas de gerir estes dados discretos conduziram ao aparecimento da rede de área de armazenamento (SAN). A SAN é uma rede dedicada e de alta velocidade de servidores e dispositivos de armazenamento partilhados. Convencionalmente ligada através de redes Fibre Channel (FC), uma SAN forma uma banda de armazenamento único e ajuda à centralização e consolidação de dados. A SAN responde eficazmente às dificuldades de armazenamento com economias de escala melhoradas. Uma SAN também proporciona uma preservação e proteção eficientes dos dados.

3.2 CANAL DE FIBRA: VISÃO GERAL

A arquitetura FC surge como a principal construção da infraestrutura SAN. *O Fibre Channel* é uma ferramenta de rede de alta velocidade que funciona com cabos de fibra ótica de alta velocidade (preferidos para a conetividade SAN front-end) e cabos de cobre cronológicos (preferidos para a conetividade de disco back-end). A tecnologia FC é torcida para reunir a reivindicação de velocidades amplificadas de transferência de dados entre computadores, servidores e subsistemas de armazenamento em massa.

As velocidades avançadas de transmissão de dados são uma caraterística importante da tecnologia de ligação em rede FC.

3.3 O SAN E A SUA EVOLUÇÃO

Uma rede de área de armazenamento (SAN) transmite dados entre servidores (também conhecidos como anfitriões) e dispositivos de armazenamento através de comutadores de canal de fibra (ver figura 3-1). Uma SAN permite a consolidação do armazenamento e permite que o armazenamento seja comum a vários servidores. Permite que as organizações unam servidores e armazenamento geograficamente separados.

Uma SAN proporciona a infraestrutura de contacto físico e permite uma comunicação segura e vigorosa entre o anfitrião e os dispositivos de armazenamento.

Na sua realização inicial, a SAN era um simples agrupamento de anfitriões e o armazenamento aliado que estava ligado a uma rede por um hub como dispositivo de conetividade. Esta configuração de uma SAN é identificada como um Fibre Channel Arbitrated Loop (FC-AL), que proporciona uma acessibilidade superior aos dados para aplicações em toda a empresa. O FC-AL foi abandonado para SANs devido às suas restrições, mas ainda sobrevive como uma interface de unidade de disco.

Atualmente, o Protocolo Internet (IP) tornou-se uma alternativa para comunicar SANs geograficamente separadas. Dois protocolos muito apreciados que alargam o acesso a nível de bloco a aplicações sobre IP são o iSCSI e o Fibre Channel over IP (FCIP).

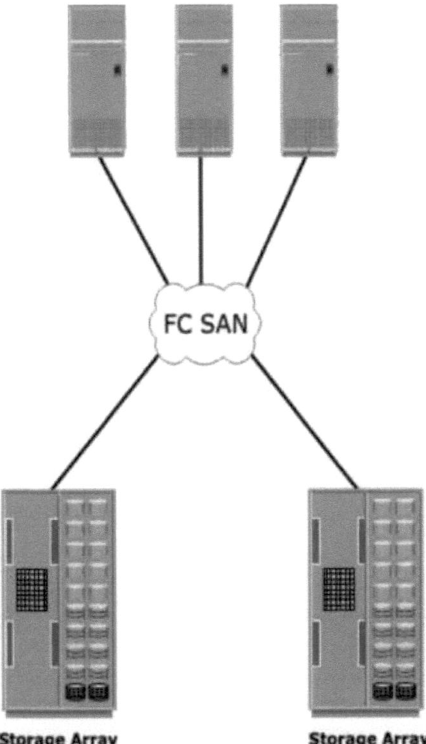

Figura 3.1: Implementação da SAN

3.3.1 COMPONENTES DA SAN

Uma SAN é constituída por três componentes essenciais: servidores, infraestrutura de rede e armazenamento. Este funcionamento pode ser subdividido nos seguintes elementos-chave: portas de nós, cablagem, dispositivos de interligação (como comutadores FC ou hubs), matrizes de armazenamento e software de gestão de SAN.

a) Portas de nós

No fibre channel, os dispositivos como os anfitriões, o armazenamento e as bibliotecas de fitas são todos designados por nós. Cada nó é uma fonte ou um destino de informação para um ou mais nós. Cada nó precisa de uma ou mais portas para oferecer uma interface física para conversar com outros nós. Estas portas são componentes básicos de um HBA e dos adaptadores front-end de armazenamento. Uma porta funciona em modo de transmissão de dados full-duplex com uma ligação de transmissão (Tx) e uma ligação de receção (Rx) (ver Figura 3-2).

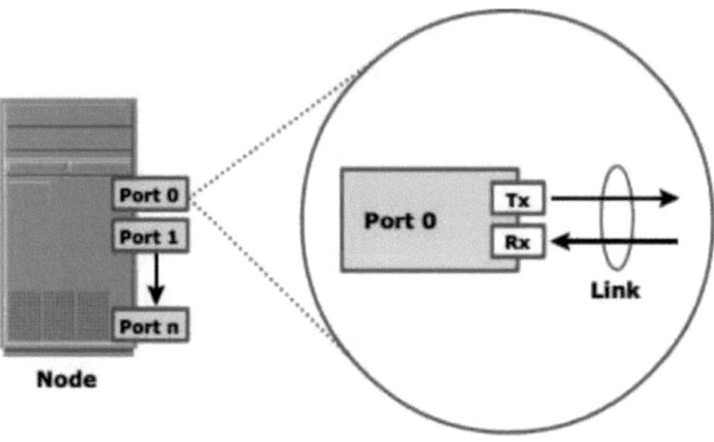

Nós, portas e ligações

Figura 3.2: Nós, portas e ligações

b) Cablagem

As implementações SAN utilizam cablagem de fibra ótica. O cobre pode ser utilizado em distâncias mais curtas para conetividade back-end, uma vez que proporciona uma melhor relação sinal/ruído para extensões até 30 metros. Os cabos de fibra ótica recebem dados sob a forma de luz. Existem dois tipos de cabos ópticos, multimodo e monomodo.

O cabo de fibra multimodo (MMF) leva numerosos feixes de luz prováveis em ângulos diferentes ao mesmo tempo para o núcleo do cabo (ver Figura 3-3 (a)). Com base na largura de banda, as fibras multimodo são registadas como OM1 (62,5цт), OM2 (50iim) e OM3 (50iim) optimizado para laser. Numa transmissão MMF, é provável que vários feixes de luz que vagueiam dentro do cabo se separem e colidam. Esta colisão deteriora a potência do sinal após a sua ação a uma distância definida - um processo conhecido como dispersão modal. Um cabo MMF é normalmente utilizado para distâncias até 500 metros devido à degradação (atenuação) do sinal devido à dispersão modal.

A fibra monomodo (SMF) recebe um único raio de luz projetado no meio da base (ver Figura 3-3(b)). Estes cabos são acessíveis em diâmetros de 7-11 microns; o tamanho mais comum é de 9 microns. Numa transmissão SMF, um único feixe de luz actua em linha reta durante o núcleo da fibra. O núcleo pequeno e a onda de luz única limitam a distribuição modal. De entre todos os tipos de cabos de fibra, o monomodo oferece uma redução mínima do sinal numa distância máxima (até 10 km). Um cabo monomodo é utilizado para a transmissão de cabos de longa distância, inadequada apenas pela potência do laser no transmissor e pela compreensão do recetor.

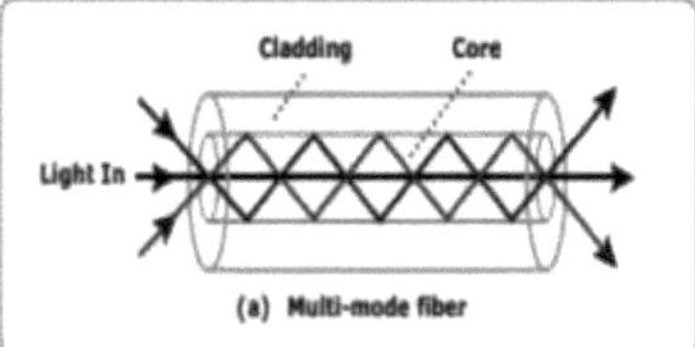

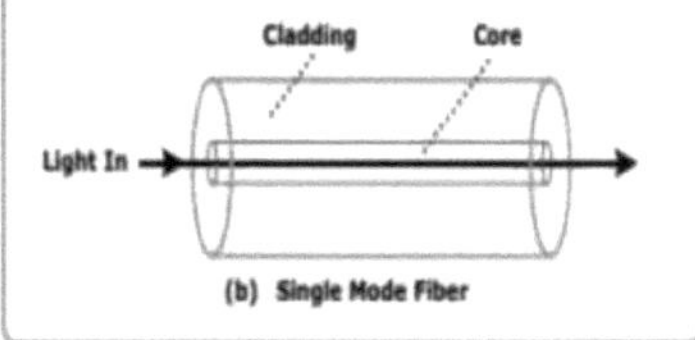

Figura 3.3: Fibra de vários nós e fibra de nó único

As MMFs são normalmente utilizadas nos centros de dados para percursos de curta distância, enquanto as SMFs são utilizadas para distâncias mais longas. Os transceptores MMF são menos dispendiosos do que os transceptores SMF.

Um conetor standard (SC) (ver Figura 3-4(a)) e um conetor lucent (LC) (ver Figura 3-4(b)) são dois conectores normalmente utilizados para cabos de fibra ótica. Um SC é utilizado para velocidades de transmissão de dados até 1 Gb/s, enquanto um LC é utilizado para velocidades até 4 Gb/s. A Figura 3-5 mostra um conetor Lucent e um conetor Standard.

Uma ponta reta (ST) é um conetor de fibra ótica com um plugue para cima e um soquete protegido por uma trava de baioneta de meia torção (consulte a Figura 3-4(c)). Nos primeiros dias da implantação do FC, o cabeamento de fibra ótica usava principalmente conectores ST. Esse conetor é freqüentemente usado com painéis de conexão de canal de fibra.

Figura 3.4: Conectores SC, LC e ST

O SFP (Small Form-fator Pluggable) é um transcetor ótico utilizado em comunicações ópticas. Os transceptores SFP+ padrão suportam taxas de dados até 10 Gb/s.

c) Dispositivos de interconexão

Os hubs, os comutadores e os directores são os dispositivos inter-relacionados normalmente utilizados nas redes SAN. Os hubs são utilizados como dispositivos de comunicação nas implementações FC-AL. Os hubs ligam fisicamente os nós num loop lógico ou numa topologia física em estrela.

Os comutadores são mais inteligentes do que os hubs e encaminham abertamente os dados de uma porta física para outra. Consequentemente, os nós não distribuem a largura de banda.

Os directores são maiores do que os comutadores e estão posicionados para implementações em centros de dados. A função dos directores é comparável à dos comutadores FC, mas os directores têm um número de portas superior e capacidades de tolerância a falhas.

d) Matrizes de armazenamento

A principal utilização de uma SAN é permitir o acesso do anfitrião aos recursos de armazenamento. As implementações de SAN correspondem às características padrão das matrizes de armazenamento, proporcionando elevada disponibilidade e redundância, melhor desempenho, continuidade de negócio e conetividade de múltiplos anfitriões.

e) Software de gestão SAN

O software de gestão de SAN dirige as interfaces entre anfitriões, dispositivos de interligação e matrizes de armazenamento.

Fornece funções de supervisão essenciais, com mapeamento de dispositivos de armazenamento, comutadores e servidores, monitorização e geração de alertas para dispositivos revelados e divisão lógica da SAN, denominada zonagem. Para além disso, o software permite a gestão de componentes SAN típicos, como HBAs, componentes de armazenamento e dispositivos de interligação.

3.3.2 CONECTIVIDADE FC

A arquitetura FC oferece três opções fundamentais de interconectividade: ponto a ponto, laço arbitrado (FC-AL) e ligação à rede.

a) Ponto a ponto

Ponto a ponto é a configuração FC mais simples - dois dispositivos são associados diretamente um ao outro, como mostra a Figura 3-5. Essa configuração fornece uma conexão comprometida para a transmissão de dados entre os nós. No entanto, a configuração ponto-a-ponto sugere uma conetividade inadequada, uma vez que apenas dois dispositivos podem conversar entre si num determinado momento.

O DAS standard utiliza conetividade ponto a ponto.

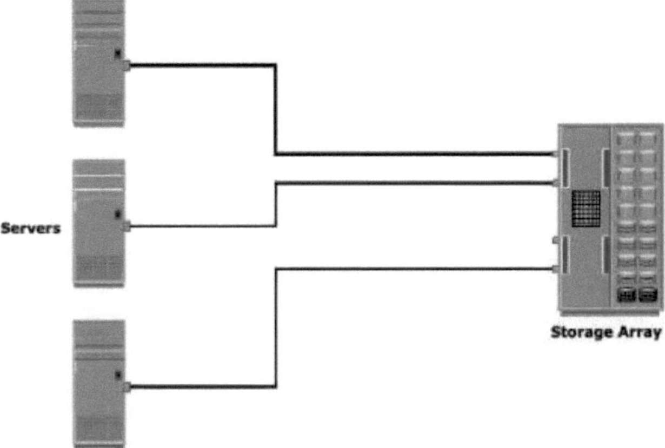

Figura 3.5: Topologia ponto a ponto

b) Loop arbitrado de canal de fibra

Na configuração FC-AL, os dispositivos estão ligados a um circuito partilhado, como se pode ver na Figura 3-6. O FC-AL tem a particularidade de uma topologia de token ring e de uma topologia física em estrela. No FC-AL, cada dispositivo compete com outros dispositivos para efetuar operações de E/S. Os dispositivos no circuito devem "arbitrar" para obter o controlo do circuito. Em qualquer altura, apenas um dispositivo pode efetuar operações de E/S no ciclo. Como uma configuração de laço, o FC-AL pode ser implementado sem todos os dispositivos de interligação, ligando diretamente um dispositivo a outro num anel através de cabos.

A configuração FC-AL apresenta as seguintes limitações em termos de escalabilidade:

- O FC-AL partilha a largura de banda no circuito. Apenas um dispositivo pode efetuar operações de E/S de cada vez. Uma vez que cada dispositivo num ciclo tem de parar para processar um pedido de E/S, a velocidade de transmissão de dados é baixa numa topologia FC-AL.

- O FC-AL utiliza endereçamento de 8 bits. Pode suportar até 127 dispositivos num circuito.

- Adicionar ou remover dispositivos na reinicialização do loop, o que pode causar uma pausa fugaz no tráfego do loop.

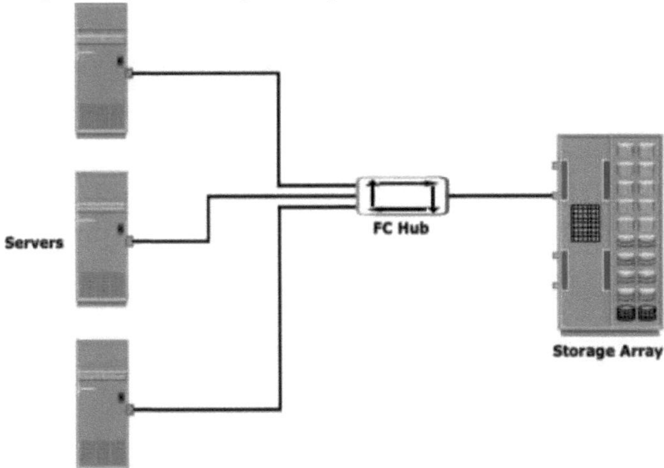

Figura 3.6: Loop arbitrado de canal de fibra

3.3.3 TRANSMISSÃO FC-AL

Quando um nó na topologia FC-AL tenta transmitir dados, o nó envia um quadro de arbitragem (ARB) a todos os nós do circuito. Se dois nós tentarem simultaneamente obter o controlo do ciclo, o nó com a prioridade mais elevada tem permissão para comunicar com outro nó. Esta prioridade é indomável no centro do Endereço Físico do Loop Arbitrado (AL-PA) e da ID do Loop.

Quando o nó iniciador recebe a chamada ARB que enviou, fica a comandar o ciclo. O iniciador transmite então dados para o nó com o qual reconheceu uma correlação virtual. A Figura 3-7 exemplifica o processo de transmissão de dados numa configuração FC-AL.

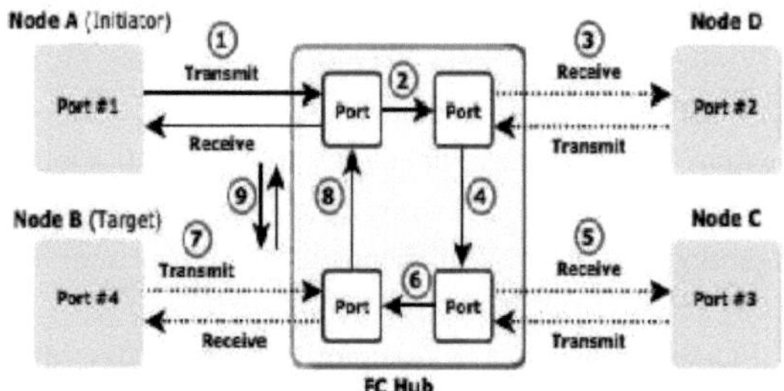

Node A want to communicate with Node B

(1) High priority initiator, Node A inserts the ARB frame in the loop.

(2) ARB frame is passed to the next node (Node D) in the loop.

(3) Node D receives high priority ARB, therefore remains idle.

(4) ARB is forwarded to next node (Node C) in the loop.

(5) Node C receives high priority ARB, therefore remains idle.

(6) ARB is forwarded to next node (Node B) in the loop.

(7) Node B receives high priority ARB, therefore remains idle and

(8) ARB is forwarded to next node (Node A) in the loop.

(9) Node A receives ARB back; now it gains control of the loop and can start communicating with target Node B.

O nó A quer comunicar com o nó B

Q Iniciador de alta prioridade, o Nó A insere a moldura ARB no circuito.

(2) O quadro ARB é passado para o nó seguinte (nó D) no ciclo.

(3) O nó D recebe um BRA de alta prioridade, pelo que permanece inativo.

(5) O ARB é reencaminhado para o nó seguinte (nó C) no ciclo.

(s) O nó C recebe um BRA de alta prioridade, pelo que permanece inativo.

(6) ARB é reencaminhado para o nó seguinte (Nó B) no ciclo.

(?) O nó B recebe uma BRA de alta prioridade, pelo que permanece inativo e

(J) O ARB é reencaminhado para o nó seguinte (nó A) no ciclo.

(?) O nó A recebe o ARB de volta; agora assume o controlo do circuito e pode começar a comunicar com o nó B.

Figura 3.7: Transmissão de dados em FC-AL

C) Tecido comutado de canal de fibra

Ao contrário de uma configuração em loop, uma rede Fibre Channel switched fabric (FC-SW) oferece dispositivos organizados, largura de banda dedicada e escalabilidade.

O FC-SW é também designado por fabric connect. Um fabric é um espaço lógico no qual todos os nós comunicam entre si numa rede. Este espaço efetivo pode ser formado por um comutador ou por uma rede de comutadores. Cada comutador de um tecido possui um identificador de domínio inimitável, que é um elemento do esquema de endereçamento do tecido. No FC-SW, os nós não distribuem um circuito; em vez disso, os dados são transferidos através de um caminho dedicado entre os nós. Cada porta em uma malha tem um endereço exclusivo de canal de fibra de 24 bits para comunicação. A Figura 3.8 ilustra um exemplo de FC-SW.

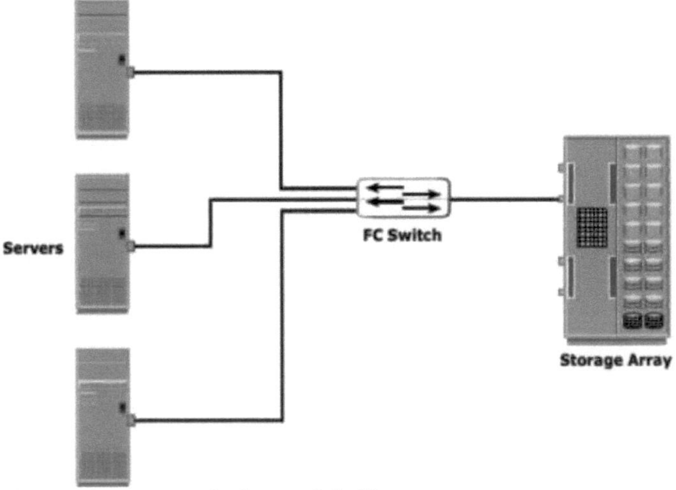

Figura 3.8: Tecido comutado de canal de fibra

Quando a quantidade de camadas na malha aumenta, a distância que uma mensagem de gerenciamento da malha deve percorrer para chegar a cada comutador na malha também aumenta. O aumento na distância também aumenta o tempo necessário para transmitir e tornar absoluto um evento de reconfiguração de malha, como a adição de um novo comutador ou um evento de propagação de conjunto de zonas. A Figura 3-9 mostra a arquitetura de malha de duas e três camadas.

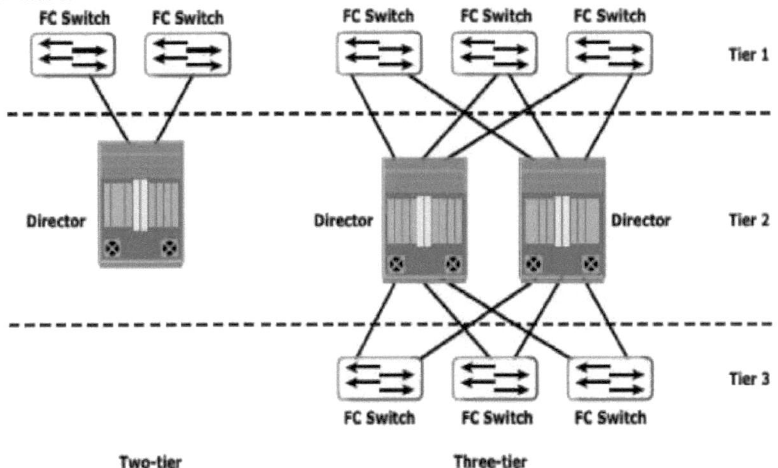

Figura 3.9: Estrutura em camadas da topologia FC-SW

3.3.4 TRANSMISSÃO FC-SW

O FC-SW utiliza comutadores para facilitar são dispositivos inteligentes. Podem comutar o tráfego de dados de um nó iniciador para um nó de destino abertamente através de portas de comutação. Os quadros são encaminhados entre a origem e o destino pelo tecido. Como se pode ver na Figura 3-10, se o nó B quiser comunicar com o nó D, os nós devem primeiro iniciar sessão de forma independente e depois transmitir os dados através do FC-SW. Esta relação é medida como uma correlação dedicada entre o iniciador e o destino.

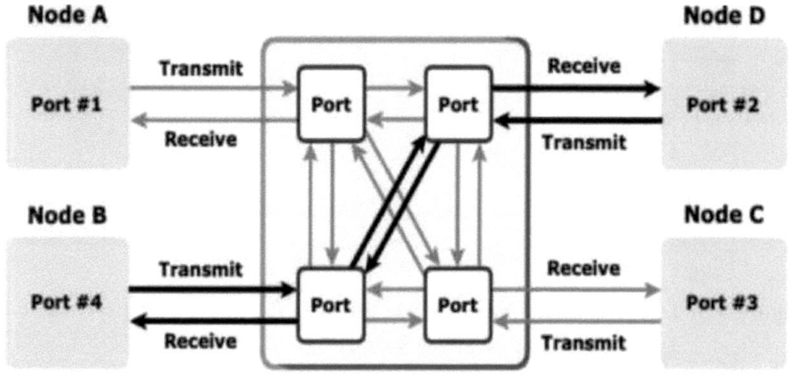

Figura 3.10: Transmissão de dados na topologia FC-SW

3.3.5 PORTAS DE CANAL DE FIBRA

As portas são os blocos estruturais essenciais de uma rede FC. As portas do comutador podem ser de um dos tipos seguintes:

*   **N_porta**: Um ponto final na malha. Essa porta também é identificada como a porta do nó. Caracteristicamente, é uma porta de host (HBA) ou uma porta de matriz de armazenamento que está associada a um switch em uma malha comutada.
*   **NL_port**: Uma porta de nó que enlaça a topologia de laço arbitrado. Esta porta também é identificada como a porta de loop do nó.
*   **E_port**: Uma porta FC que forma a associação entre dois comutadores FC.
Esta porta também é identificada como a porta de expansão. A porta E_port em um switch FC se une à porta E_port de mais um switch FC na malha através de um link, que é chamado de Inter-Switch Link (ISL). Os ISLs são usados para mover dados do host para o armazenamento, bem como o tráfego de supervisão da malha de um switch para outro. A ISL é também um dos meios de escalonamento na conetividade SAN.
*   **Porta F**: Uma porta em um switch que anexa uma porta N_port. Também é conhecida como
porta de tecido e não pode contribuir em FC-AL.

• **FL_port**: Uma porta de malha que contribui no FC-AL. Essa porta está associada às NL_ports em um loop FC-AL. Uma FL_port também anexa um loop a um switch em uma malha comutada. Como consequência, todas as portas NL_no laço podem contribuir em FC-SW. Esta configuração é referida como um loop público. Por outro lado, um loop arbitrado sem qualquer comutador é designado por loop privado. Um loop privado contém nós com NL_ports e não contém FL_port.

• **G_port**: Uma porta standard que pode funcionar como uma porta E ou uma porta F e decide a sua funcionalidade repetidamente durante a inicialização.

A Figura 3-11 ilustra diferentes portas FC situadas na malha.

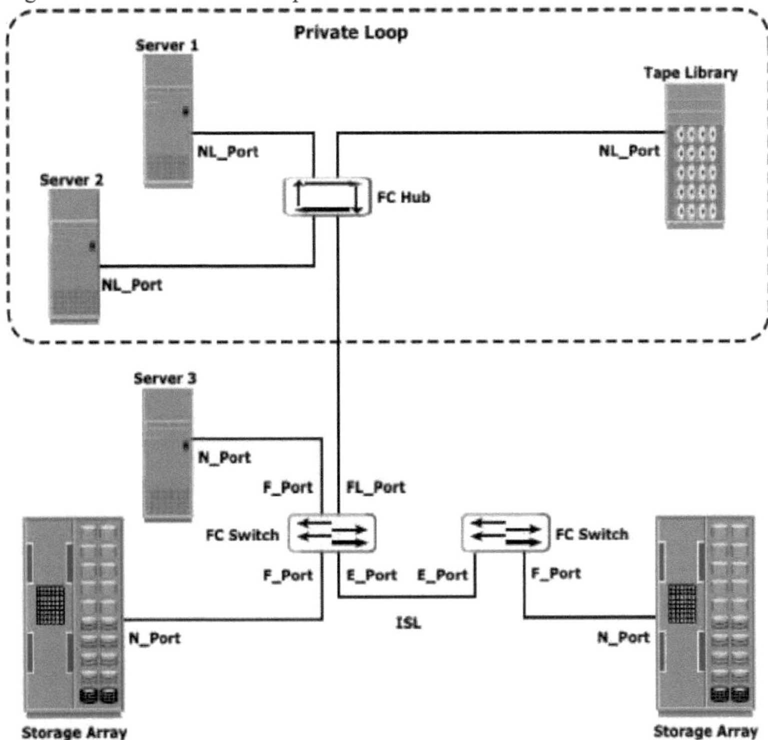

Figura 3.11: Portas de canal de fibra

3.4 ARQUITECTURA DO CANAL DE FIBRA

A arquitetura FC corresponde à combinação correcta de canal/rede com dispositivos de interligação padrão. As ligações numa SAN são qualificadas utilizando FC.

O Protocolo de Canal de Fibra (FCP) é a concretização do SCSI-3 de série numa rede FC. Na arquitetura FCP, todos os dispositivos de armazenamento externos e remotos ligados à SAN surgem como dispositivos locais para o sistema operativo anfitrião. As principais vantagens do FCP são as seguintes:

• Largura de banda de transmissão persistente em longas distâncias.

• Manter um maior número de dispositivos endereçáveis numa rede. Supostamente, o FC pode suportar mais de 15 milhões de endereços de dispositivos numa rede.

• Demonstra a especificidade do transporte de canais e oferece velocidades até 8,5 Gb/s (8 GFC).

Pilha de protocolos Fibre Channel

É mais fácil reconhecer um protocolo de comunicação analisando-o como uma estrutura de camadas autónomas. O FCP descreve o protocolo de comunicação em cinco níveis: FC-0 a FC-4 (exceto a camada FC-3, que não está implementada). Num modelo de comunicação por camadas, as camadas homólogas de cada nó dialogam entre si através de protocolos definidos. A Figura 3-12 exemplifica a pilha de protocolos do fibre channel.

Aplicação
FC-4 SCSI HIPPI ESCON ATM IP
   FC-2Estruturação/Controlo de fluxo
   FC-1Encodificar/Descodificar
FC-0 1 Gb/s 2 Gb/s 4 Gb/s 8 Gb/s

Endereçamento de canal de fibra

Um endereço FC é alocado vigorosamente quando uma porta se conecta à malha. O endereço FC tem um formato separado que difere de acordo com o tipo de porta de nó na malha.

O primeiro campo do endereço FC de uma porta N_ contém o ID de província do comutador (ver Figura 3-13). Este é um campo de 8 bits. Dos prováveis 256 IDs de domínio, 239 são acessíveis para uso; os 17 endereços residuais são reticentes para serviços detalhados. Por exemplo, FFFFFC é reservado para o servidor de nomes e FFFFFE é reservado para o serviço de login da malha. O número máximo provável de N_ports em uma malha comutada é calculado como 239 domínios *256 áreas *256 portas = 15.663.104 endereços Fibre Channel.

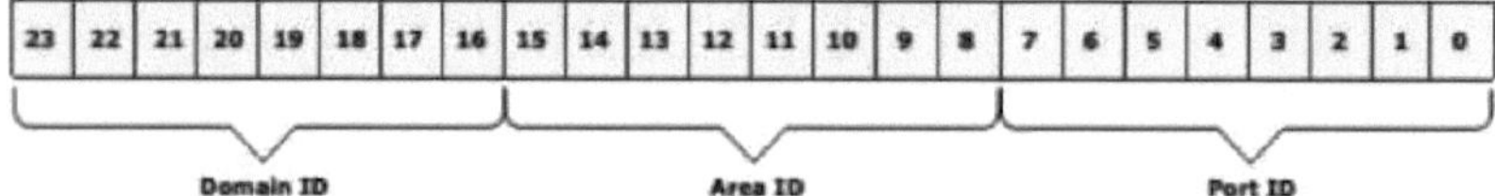

Figura 3-13: Endereço FC de 24 bits da porta N

Endereço FC de uma porta NL

O esquema de endereçamento FC para uma porta NL varia em relação a outras portas. Os dois bytes superiores nos endereços FC das portas NL em um loop confidencial recebem valores zero. Neste caso, uma porta NL enquadra um login de tecido. O switch atribui então aos dois bytes superiores desta porta NL um valor positivo, chamado de identificador de loop. O identificador de loop é idêntico para todas as portas NL em um loop conhecido. A Figura 3-14 demonstra o endereço FC de uma porta NL em um loop público e em um loop privado.

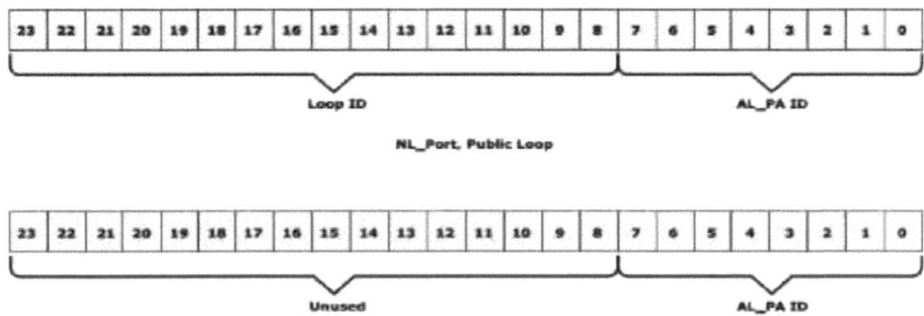

Figura 3-14:EndereçoFC de 24 bits da porta NL

Quadro FC

Um quadro FC (Figura 3-15) consiste em cinco divisões: início do quadro (SOF), cabeçalho do quadro, campo de dados, verificações de redundância cíclica (CRC) e fim do quadro (EOF).

O SOF e o EOF funcionam como delimitadores. Para além desta responsabilidade, o SOF é um sinalizador que indica se o fotograma é o primeiro fotograma de uma série de fotogramas.

O cabeçalho do quadro tem 24 bytes de comprimento e contém informações sobre o endereçamento do quadro. Inclui as informações seguintes: ID de origem (S_ID), ID de destino (D_ID), ID de sequência (SEQ_ID), contagem de sequência (SEQ_CNT), ID de troca de origem (OX_ID) e ID de troca de resposta (RX_ID), para além de alguns campos de controlo.

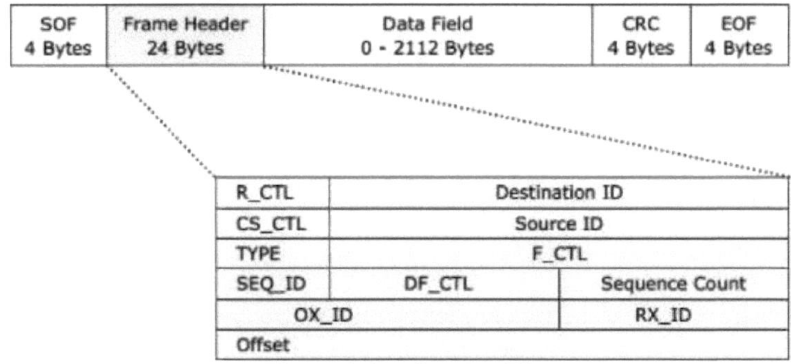

Figura 3-15: Quadro FC

O cabeçalho do quadro também descreve os campos subsequentes:

• **Controlo de encaminhamento (R_CTL)**: Este campo indica se a estrutura é uma estrutura de controlo de ligação ou uma estrutura de dados. As molduras de controlo de ligação são molduras sem dados que não levam qualquer carga útil. Estas molduras são utilizadas para associação e envio de mensagens. Por outro lado, as molduras de dados recebem a carga útil e são utilizadas para a transmissão de dados.

• **Controlo específico de classe (CS_CTL)**: Este campo indica as velocidades de ligação para a transmissão de dados de classe 1 e classe 4.

• **TIPO:** Este campo descreve o protocolo da camada superior (ULP) a ser concedido no quadro se for um quadro de dados. No entanto, se for um quadro de controlo de ligação, este campo é utilizado para assinalar uma ocasião como "tecido ocupado". Por exemplo, se o TIPO for 08 e o quadro for um quadro de dados, isso significa que o SCSI será concedido num FC.

• **Controlo do campo de dados (DF_CTL):** um campo de 1 byte que indica a realidade de eventuais cabeçalhos no início da carga útil de dados. É um método para expandir a informação do cabeçalho para a carga útil.

• **Controlo de quadro (F_CTL):** um campo de 3 bytes que inclui informações de controlo relacionadas com a substância do quadro. Por exemplo, um dos bits neste campo indica se esta é a primeira progressão do substituto.

3.4.1 Estrutura e organização dos dados da CAF

Numa rede FC, o transporte de dados é equivalente a uma conversa entre duas pessoas, em que um quadro representa uma palavra, uma série representa uma frase e uma troca corresponde a uma conversa.

• **Operação de troca**: Uma operação de troca permite que duas portas N reconheçam e tratem um local de unidades de informação. Esta unidade é mapeada para uma sucessão. As sucessões podem ser unidireccionais e bidireccionais, dependendo do tipo de sequência de dados trocada entre o iniciador e o destino.

• **Sequência**: Uma sequência passa para um conjunto adjacente de frames que são enviados de uma porta para outra. Uma sucessão corresponde a uma unidade de informação, conforme distinto pela ULP.

• **Quadro**: Um quadro é a unidade básica de transferência de dados na Camada 2. Cada quadro pode ter até 2.112 bytes de carga útil.

Controlo do fluxo

O controlo do fluxo descreve a rapidez do curso dos quadros de dados ao longo da transmissão de dados. A tecnologia FC utiliza dois mecanismos de controlo do fluxo: crédito de buffer para buffer (BB_Credit) e crédito de extremo a extremo (EE_Credit)

Classes de serviço

Os princípios da CAF descrevem diversas classes de serviço para satisfazer os requisitos de uma grande variedade de aplicações.

	CLASSE 1	CLASSE 2	CLASSE 3
Comunicação tipo	Dedicado ligação	Não dedicado ligação	Não dedicado ligação
Controlo do fluxo	Crédito de ponta a ponta	Crédito end-to-end Crédito B-to-B	Crédito empresa-a-empresa
Entrega de quadros	Entrega por encomenda	Encomenda não garantida	Encomenda não garantida
Confirmação de fotogramas	Reconhecido	Reconhecido	Não reconhecido
Multiplexagem	Não	Sim	Sim
Largura de banda utilização	Pobres	Moderado	Elevado

Zoneamento

O zoneamento é uma finalidade do switch FC que facilita a segmentação lógica dos nós dentro da malha em grupos que podem se corresponder entre si (consulte a figura 316). Quando um dispositivo (anfitrião ou matriz de armazenamento) inicia sessão num fabric, é registado no servidor de nomes. Quando uma porta se conecta à malha, ela passa por um processo de deteção de dispositivo com outros dispositivos registrados no servidor de nomes. A função de zoneamento acelera esse processo, tolerando que apenas os membros da mesma zona instituam esses serviços no nível do link.

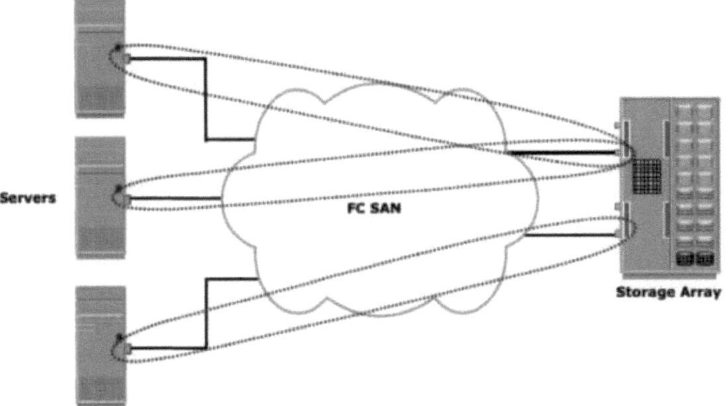

Figura 3.16: Zoneamento

A posição da zona de distribuição pode ser distinta num tecido, mas apenas um conjunto de zonas pode ser dinâmico de cada vez. Um conjunto de zonas é um conjunto de zonas e uma zona é um conjunto de membros. Membros, zonas e conjuntos de zonas formam a hierarquia distinta no processo de zoneamento (consulte a Figura 3-17). Os membros são nós dentro da SAN que podem ser incorporados numa zona. As zonas abrangem um conjunto de membros que têm acesso uns aos outros. Uma porta ou um nó sabe como ser membro de várias zonas. Os conjuntos de zonas abrangem um grupo de zonas que podem ser activadas ou desactivadas como uma única unidade num tecido. Apenas um conjunto de zonas por malha pode estar ativo de cada vez. Os conjuntos de zonas também são chamados de configurações de zona.

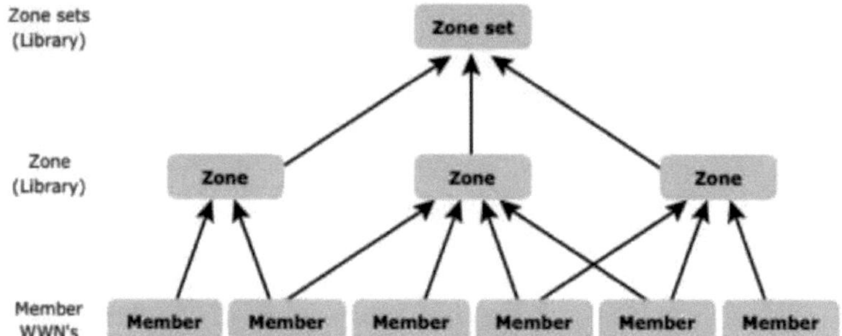

Figura 3.17: Membros, zonas e conjuntos de zonas

3.4.2 TIPOS DE LOGIN DO CANAL DE FIBRA

Os serviços de tecido classificam três tipos de início de sessão:

• **O início de sessão no tecido (FLOGI)** é efectuado entre uma porta N e uma porta F. Para iniciar sessão no tecido, um dispositivo envia um quadro FLOGI através dos parâmetros World Wide Node Name (WWNN) e World Wide Port Name (WWPN) para o serviço de início de sessão no endereço FC bem conhecido FFFFFE. Por sua vez, o switch aceita o login e retorna um quadro Accept (ACC) com o endereço FC atribuído ao dispositivo. Imediatamente a seguir ao FLOGI, a porta N_regista-se através do servidor de nomes local programado pelo comutador, representando o seu WWNN, WWPN e endereço FC atribuído.

• **O início de sessão de porta (PLOGI)** é efectuado entre uma porta N e outra porta N para estabelecer uma sessão. A porta N iniciadora envia um quadro de pedido PLOGI à porta N de destino, que o reconhece. A porta N_alvo devolve um ACC à porta N_iniciadora. Em seguida, as portas N substituem os parâmetros de serviço aplicáveis à sessão.

• **O processo de início de sessão (PRLI)** é igualmente efectuado entre uma porta N e outra porta N. Este início de sessão é transmitido às ULP FC-4, tais como SCSI. As portas N trocam parâmetros de serviço relacionados com SCSI-3. As portas N partilham informações relativas ao tipo de FC-4 em utilização, ao iniciador SCSI ou ao destino.

3.4.3 TOPOLOGIAS FC

O design do tecido vai para além das topologias típicas para ligar dispositivos. O core-edge fabric é uma das concepções de topologia mais apreciadas. A distinção entre as topologias core-edge fabric e mesh é mais comum nas implementações SAN.

3.4.3.1 TECIDO DE BORDA CENTRAL

Na topologia de malha núcleo/borda, há dois tipos de camadas de comutadores nessa malha. A camada de borda normalmente contém switches e apresenta uma abordagem econômica para adicionar mais hosts em uma malha. A camada no limite se expande a partir da camada no núcleo. Os nós na borda podem se corresponder com todos os outros. A camada central inclui normalmente directores de esforço que garantem uma elevada disponibilidade do tecido.

A topologia de tecido núcleo/borda aumenta a conetividade dentro da SAN enquanto mantém o consumo geral de portas. Se for necessária uma expansão, pode ser associado ao núcleo um comutador de extremidade suplementar. Esta topologia pode ter variações diferentes. Numa topologia de núcleo único, todos os anfitriões estão associados à camada de extremidade e todo o armazenamento está associado à camada de núcleo. A Figura 3-18 representa o núcleo e os switches de borda em uma topologia de núcleo único.

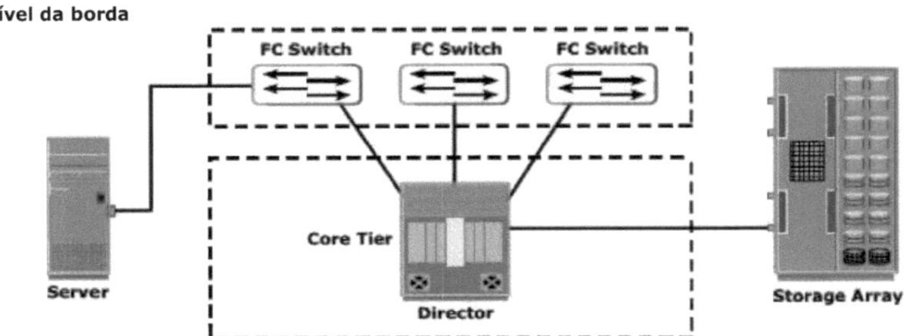

Figura 3.18: Topologia de núcleo único

Uma topologia de núcleo duplo pode ser alargada para consistir em mais comutadores de núcleo. Veja a figura 3-19.

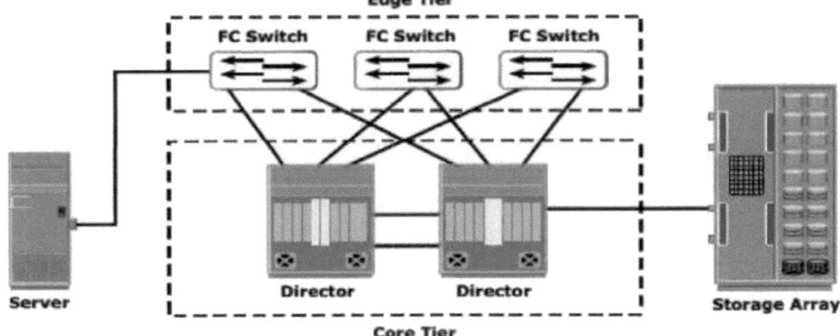

Figura 3.19: Topologia de núcleo duplo

3.4.3.2 TOPOLOGIA DE MALHA

Numa topologia em malha, cada comutador é diretamente associado a outros comutadores através da utilização de ISLs. Esta topologia suporta uma melhor conetividade dentro da SAN. Quando o número de portas numa rede aumenta, o número de nós que podem contribuir e corresponder também aumenta.

Uma topologia em malha pode ser de um dos dois tipos: malha completa ou malha parcial. Em uma malha completa, cada switch está associado a todos os outros switches da topologia. Em uma topologia de malha completa, é necessário no máximo um ISL ou salto para o tráfego entre host e armazenamento.

Numa topologia de malha parcial, pode ser necessário um certo número de saltos ou ISLs para que o tráfego chegue ao seu destino.

Uma topologia de malha completa com um design simétrico resulta em um número par de comutadores, enquanto uma malha parcial tem um design assimétrico e pode resultar em um número ímpar de comutadores. A Figura 3-20 mostra uma topologia de malha completa e uma topologia de malha parcial.

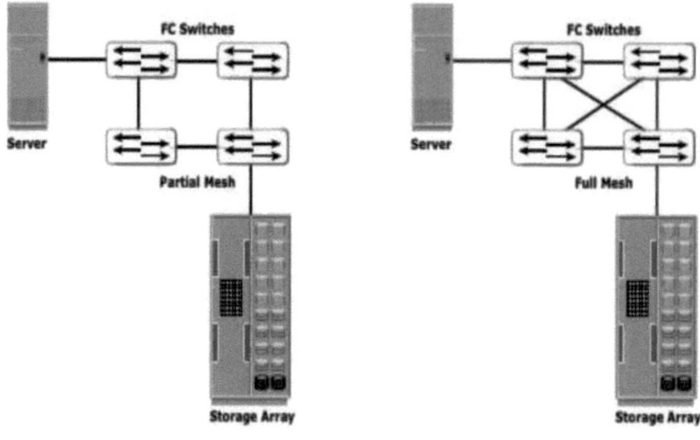

Figura 3.20: Topologias de malha parcial e completa

3.5 ARMAZENAMENTO LIGADO À REDE

O armazenamento ligado à rede (NAS) é um dispositivo de partilha de ficheiros baseado em IP ligado a uma rede local. O NAS oferece a recompensa da consolidação de servidores, reduzindo a necessidade de vários servidores de ficheiros. O NAS utiliza protocolos de rede e de partilha de ficheiros para executar funções de arquivo e armazenamento. Um dispositivo NAS utiliza o seu próprio sistema operativo e componentes de hardware e software integrados para responder às necessidades específicas do serviço de ficheiros. O seu sistema operativo está optimizado para E/S de ficheiros e, consequentemente, executa melhor as E/S de ficheiros do que um servidor polivalente.

3.5.1 SERVIDORES DE FINALIDADE GERAL vs. DISPOSITIVOS NAS

Um dispositivo NAS está optimizado para funções de serviço de ficheiros, tais como o armazenamento, recuperação e acesso a ficheiros para aplicações e clientes. Conforme ilustrado na Figura 3-21, um servidor de uso geral pode ser utilizado para alojar qualquer aplicação, uma vez que executa um sistema operativo não específico. Ao contrário de um servidor de uso geral, um dispositivo NAS é dedicado ao serviço de ficheiros. Tem um sistema operativo em tempo real dedicado ao serviço de ficheiros através de protocolos de padrão aberto.

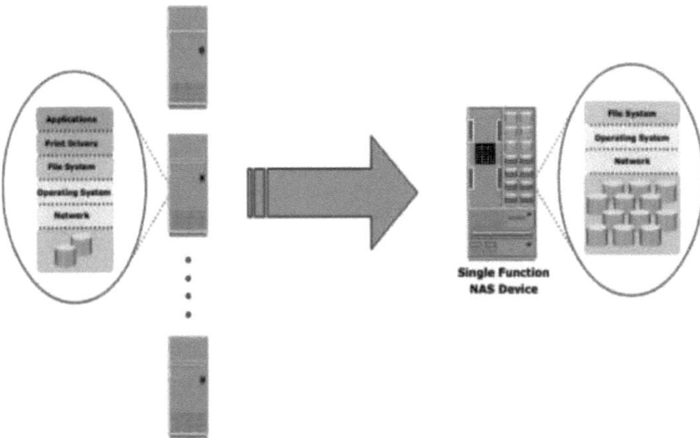

Servidores de uso geral (Windows ou UNIX)

Figura 3.21: Servidor de uso geral vs. dispositivo NAS

3.5.2 BENEFÍCIOS DO NAS

O NAS oferece as seguintes vantagens:

• **Suporta um acesso abrangente à informação**: Permite uma partilha de ficheiros proficiente e configurações de muitos para um e de um para muitos. A configuração de muitos para um permite que um dispositivo NAS sirva vários clientes em simultâneo. A configuração de um para muitos permite que um cliente se ligue a muitos dispositivos NAS em simultâneo.

• **Eficiência melhorada**: Reduz os estrangulamentos que ocorrem através do acesso aos ficheiros a partir de um servidor de ficheiros de uso geral, uma vez que o NAS utiliza um sistema operativo específico para o serviço de ficheiros. Progride a utilização de servidores de uso geral, reduzindo as operações do servidor de ficheiros.

• **Maior flexibilidade**: Compatível com clientes nas plataformas UNIX e Windows através de protocolos padrão da indústria. O NAS é elástico e pode servir pedidos de tipos especiais de clientes a partir da mesma fonte.

• **Armazenamento centralizado**: Centraliza o armazenamento de dados para reduzir a repetição de dados em

estações de trabalho clientes, simplificar a gestão de dados e garantir uma melhor proteção de dados.

• **Gestão simplificada**: Proporciona um conforto centralizado que torna provável a gestão competente dos sistemas de ficheiros.

• **Escalabilidade**: Escala bem de acordo com perfis de operação diferentes

e tipos de aplicações comerciais, devido à conceção de elevado desempenho e baixa latência.

• **Alta disponibilidade**: Oferece opções de replicação e recuperação competentes, permitindo uma elevada disponibilidade de dados. O NAS utiliza componentes de rede supérfluos que oferecem opções de conetividade máximas.

Um dispositivo NAS pode utilizar a tecnologia de agrupamento para a transferência em caso de falha.

- **Segurança**: Garante a segurança, a autenticação do utilizador e o bloqueio de ficheiros em
combinação com esquemas de segurança normalizados pelo sector.

3.5.3 I/O DO FICHEIRO NAS

O NAS utiliza o acesso ao nível do ficheiro para todas as suas operações de E/S. O E/S de ficheiro é um pedido de alto nível que identifica o ficheiro a ser acedido, mas não identifica o seu endereço de bloco lógico. Por exemplo, um pedido de E/S de ficheiro de um cliente pode identificar a leitura de 256 bytes a partir do byte número 1152 num ficheiro específico. Ao contrário da E/S de bloco, não existem informações sobre o volume do disco ou o sector do disco num pedido de E/S de ficheiro. O sistema operativo NAS continua a controlar a localização dos ficheiros no volume do disco e altera a E/S do ficheiro do cliente para E/S ao nível do bloco para recuperar dados.

O sistema operativo NAS refere-se a um pedido de E/S de bloco para realizar os pedidos de leitura e escrita de ficheiros que recebe. Os dados recuperados são novamente convertidos em E/S ao nível do ficheiro para aplicações e clientes.

3.5.4 SISTEMAS DE FICHEIROS E PARTILHA REMOTA DE FICHEIROS

Um sistema de ficheiros é um meio pré-estabelecido de armazenar e organizar ficheiros de dados. Muitos sistemas de ficheiros mantêm uma tabela de acesso aos ficheiros para simplificar o processo de localização e acesso aos ficheiros.

3.5.5 ACEDER A UM SISTEMA DE FICHEIROS

Um sistema de ficheiros deve ser montado antes de poder ser utilizado. Na maioria dos casos, o sistema operativo monta um sistema de ficheiros local durante o processo de arranque. O processo de montagem cria uma ligação entre o sistema de ficheiros e o sistema operativo. Ao montar um sistema de ficheiros, o sistema operativo gere os ficheiros e directórios numa estrutura em forma de árvore e concede ao utilizador a oportunidade de aceder a esta estrutura. A árvore está enraizada num ponto de montagem que é nomeado utilizando as convenções do sistema operativo. Os utilizadores e as aplicações podem navegar por toda a árvore, desde a raiz até aos nós folha. Os ficheiros estão localizados nos nós folha, e os directórios e subdirectórios estão localizados nas raízes intermédias. A relação entre o usuário e o sistema de arquivos termina quando o sistema de arquivos é desmontado. A Figura 3-22 demonstra um exemplo da estrutura de diretórios do UNIX em ambientes operacionais UNIX.

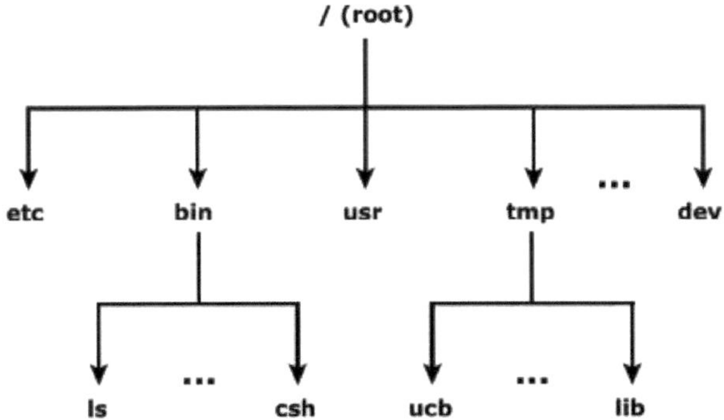

Figura 3.22: Estrutura de directórios UNIX

3.5.6 PARTILHA DE FICHEIROS

A partilha de ficheiros consiste em armazenar e aceder a ficheiros de dados através de uma rede. Num local de partilha de ficheiros, um utilizador que cria o ficheiro (o criador ou proprietário de um ficheiro) decide o tipo de acesso a ser conhecido pelos outros utilizadores (ler, escrever, executar, acrescentar, apagar e listar) e controla a variação do ficheiro. Quando vários utilizadores tentam aceder a um ficheiro partilhado ao mesmo tempo, é necessário um esquema de segurança para manter a integridade dos dados e, ao mesmo tempo, tornar esta distribuição provável.

O protocolo de transferência de ficheiros (FTP), os sistemas de ficheiros distribuídos e um modelo cliente/servidor que utiliza um protocolo de partilha de ficheiros são alguns exemplos de implementações de ambientes de partilha de ficheiros.

3.5.7 COMPONENTES DO NAS

Um dispositivo NAS tem o funcionamento subsequente (ver Figura 3-23):

*   Cabeça NAS (CPU e memória)
*   Uma ou mais placas de interface de rede (NICs), que permitem a conetividade com a rede. Exemplos de NICs são Gigabit Ethernet, Fast Ethernet, ATM e FDDI (Fiber Distributed Data Interface).
*   Um sistema operativo optimizado para a funcionalidade NAS da organização
*   Protocolos NFS e CIFS para partilha de ficheiros
*   Protocolos de armazenamento padrão da indústria para ligar e tratar recursos de disco físico, como ATA, SCSI ou FC

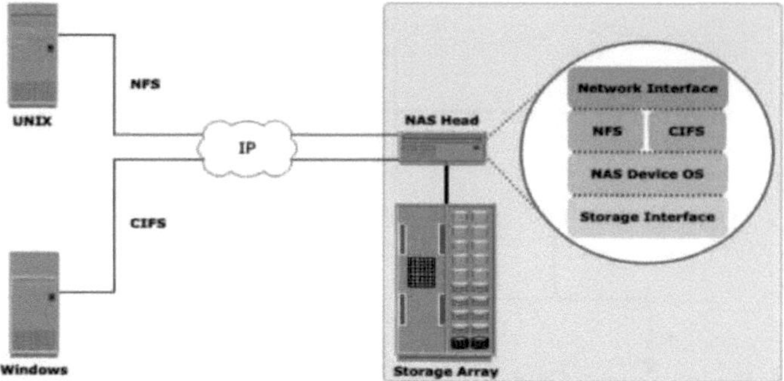

Figura 3.23: Componentes do NAS

3.5.8 IMPLEMENTAÇÕES NAS

Existem dois tipos de implementações NAS: integrado e gateway. O dispositivo NAS integrado tem todos os seus componentes e sistema de armazenamento numa inclusão específica. Na implementação de gateway, a cabeça NAS partilha o seu armazenamento com o ambiente SAN.

3.5.9 PROTOCOLOS DE PARTILHA DE FICHEIROS NAS

A maioria dos dispositivos NAS suportam vários protocolos de serviço de ficheiros para transmitir pedidos de E/S de ficheiros para um sistema de ficheiros remoto. Como referido anteriormente, o NFS e o CIFS são os protocolos gerais para a partilha de ficheiros. O NFS é utilizado principalmente em ambientes operativos baseados em UNIX; o CIFS é utilizado em ambientes operativos baseados no Microsoft Windows. Estes protocolos de partilha de ficheiros permitem aos utilizadores partilhar dados de ficheiros entre

ambientes operativos diferentes e proporcionar aos utilizadores um meio de transferir obviamente de um sistema operativo para outro.

3.5.9.1 NFS

O NFS é um protocolo cliente/servidor para partilha de ficheiros que é normalmente utilizado em sistemas UNIX. O NFS foi inicialmente baseado no protocolo UDP (User Datagram Protocol) sem conexão. Utiliza um modelo independente da máquina para corresponder aos dados do utilizador. Também utiliza a Chamada de Procedimento Remoto (RPC) como método de comunicação interprocessos entre dois computadores. O protocolo NFS oferece um conjunto de RPCs para aceder a um sistema de ficheiros remoto para as operações subsequentes:

- Sondagem de ficheiros e directórios
- Abrir, ler, escrever e fechar um ficheiro
- Alterar atributos de ficheiros
- Alterar ligações e directórios de ficheiros

Atualmente, estão a ser utilizadas três versões do NFS:

- **NFS versão 2 (NFSv2)**: Usa UDP para fornecer uma associação de rede sem estado entre um cliente e um servidor. Características como o bloqueio são tratadas no exterior do protocolo.

• **NFS versão 3 (NFSv3)**: A versão mais utilizada, utiliza UDP ou TCP, e baseia-se na conceção de protocolo sem estado. Contém alguns recursos inovadores, como um tamanho de arquivo de 64 bits, gravações assíncronas e atributos de arquivo adicionais para diminuir a busca.

• **NFS versão 4 (NFSv4)**: Esta edição usa TCP e é baseada em um design de protocolo com estado. Oferece maior segurança.

3.5.9.2 CIFS

O CIFS é um protocolo de aplicação cliente/servidor que permite aos programas clientes comporem pedidos de ficheiros e serviços em computadores remotos através de TCP/IP. É uma discrepância pública, ou aberta, do protocolo Server Message Block (SMB).

Os nomes de ficheiros no CIFS são codificados com caracteres unicode. O CIFS fornece a função

características subsequentes para garantir a integridade dos dados:

• Utiliza o bloqueio de ficheiros e registos para impedir que os utilizadores substituam o trabalho de outro utilizador num ficheiro ou registo.

• Funciona através de TCP.

• O CIFS tem tolerância a falhas e pode restaurar repetidamente as ligações e reabrir ficheiros que estavam abertos antes da interrupção. As características de tolerância a falhas do CIFS dependem do facto de uma aplicação ser escrita para tirar partido dessas características. Do mesmo modo, o CIFS é um protocolo com estado, uma vez que o servidor CIFS mantém informações de associação relativas a cada cliente ligado. Em caso de falha da rede ou do servidor CIFS, o cliente recebe um aviso de desvinculação. A perturbação do utilizador é minimizada se a aplicação tiver a inteligência incorporada para restaurar a associação. No entanto, se a inteligência incorporada estiver ausente, o utilizador tem de tomar medidas para restabelecer a ligação CIFS.

Os utilizadores referem-se a sistemas de ficheiros remotos com um sistema de nomes de ficheiros fácil de utilizar:

\\servidor\partilha ou \\servername.domain.suffix\partilha.

3.5.10 Operações de E/S do NAS

Os protocolos NFS e CIFS enviam pedidos de E/S de ficheiros para um sistema de ficheiros remoto, que pode ser tratado pelo dispositivo NAS. O processo de E/S do NAS é o seguinte:

1. O solicitante empacota um pedido de E/S no TCP/IP e o encaminha durante a pilha de rede. O dispositivo NAS obtém este pedido da rede.

2. O dispositivo NAS troca o pedido de E/S por um pedido de armazenamento físico adequado, que é uma E/S ao nível do bloco e, em seguida, executa a operação alinhada com o conjunto de armazenamento físico.

3. Quando os dados são devolvidos do pool de armazenamento físico, o

dispositivo NAS processa e reembala os dados numa resposta de protocolo de ficheiro adequada.

4. O dispositivo NAS agrupa esta resposta em TCP/IP novamente e encaminha-a para o cliente durante a rede.

A Figura 3-24 mostra este processo.

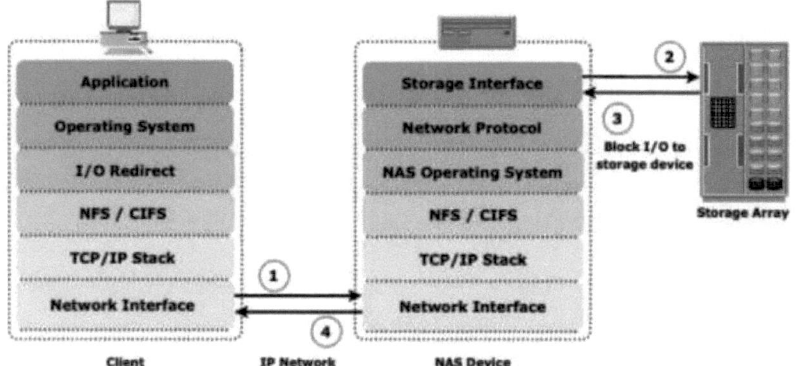

Figura 3.24: Operação de E/S do NAS

3.5.10.1 ALOJAR E ACEDER A FICHEIROS NO NAS

Os passos seguintes são essenciais para alojar ficheiros e permitir que os utilizadores acedam aos ficheiros alojados num dispositivo NAS:

1. **Criar volumes da matriz de armazenamento**: Crie volumes na matriz de armazenamento e atribua Números de Unidade Lógica (LUN) aos volumes. Atualmente, os volumes de formato recente são transferidos para o dispositivo NAS.

2. **Criar volumes NAS**: Execute uma operação de descoberta no dispositivo NAS, para se familiarizar com os novos volumes da matriz e criar volumes NAS (volumes lógicos). Vários volumes da matriz de armazenamento podem ser colectivos para formar grandes volumes NAS.

3. **Criar sistemas de ficheiros NAS**: Produzir sistemas de ficheiros NAS nos volumes NAS.

4. **Montar sistemas de ficheiros**: Monte o sistema de ficheiros NAS criado no dispositivo NAS.

5. **Aceder aos sistemas de ficheiros**: Circular os sistemas de ficheiros montados na rede utilizando NFS ou CIFS para acesso do cliente.

3.5.11 FACTORES QUE AFECTAM O DESEMPENHO E A DISPONIBILIDADE DO NAS

Como o NAS utiliza uma rede IP, os problemas de largura de banda e latência relacionados com o IP influenciam o desempenho do NAS.

1. **Número de saltos**: Um grande número de saltos pode aumentar a latência, uma vez que o processamento IP é necessário em cada salto, aumentando a espera causada no router.

2. Autenticação com um serviço de diretório, como LDAP, Active Directory ou NIS: O serviço de validação deve estar acessível na rede, com largura de banda suficiente, e deve ter recursos adequados para conter a carga de fundamentação. Caso contrário, um grande número de pedidos de justificação está acessível aos servidores, aumentando a latência. A substanciação aumenta a latência apenas quando a substanciação ocorre.

3. **Retransmissão**: Os erros de ligação, os excessos de buffer e os mecanismos de controlo de fluxo podem afetar a retransmissão. Isto faz com que os pacotes que incluem não tenham atingido o destino específico não sejam apreciados. É necessário ter cuidado ao configurar os parâmetros de definições de velocidade e duplex nos dispositivos de rede e nas cabeças NAS para que correspondam. Uma configuração incorrecta pode resultar em erros e retransmissões, aumentando a latência.

4. **Routers e switches demasiado utilizados**: A quantidade de tempo que um dispositivo sobreutilizado numa rede demora a reagir é constantemente superior ao tempo de resposta de um dispositivo otimamente utilizado ou subutilizado. Os administradores de rede podem ver estatísticas específicas do fornecedor para decidir o consumo de switches e routers numa rede. Devem ser adicionados dispositivos suplementares se os dispositivos actuais estiverem a ser utilizados em excesso.

5. **Pesquisa de ficheiros/directórios e pedidos de metadados**: Os clientes NAS acedem a ficheiros em dispositivos NAS. O processamento necessário antes de chegar ao ficheiro ou diretório adequado pode causar atrasos. Por vezes, um atraso é causado por estruturas de directórios profundas e pode ser resolvido através do nivelamento da estrutura de directórios. Uma má disposição do sistema de ficheiros e um sistema de discos demasiado utilizado podem também degradar o desempenho.

6. **Dispositivos NAS demasiado utilizados**: Os clientes que acedem a numerosos ficheiros podem originar níveis de utilização elevados num dispositivo NAS, que podem ser inabaláveis através da apresentação de estatísticas de utilização. Os elevados níveis de utilização podem ser causados por uma estrutura deficiente do sistema de ficheiros ou por recursos inadequados num subsistema de armazenamento.

7. **Clientes demasiado utilizados**: O cliente que acede aos dados CIFS ou NFS também pode estar a ser utilizado em excesso. Um cliente demasiado utilizado necessita de mais tempo para processar as respostas obtidas do servidor, aumentando a latência. Existem ferramentas detalhadas de monitorização do desempenho para uma variedade de sistemas operativos que ajudam a decidir a utilização dos recursos do cliente.

3.6 ARMAZENAMENTO DE LIGAÇÃO DIRECTA

O Direct-Attached Storage (DAS) é uma arquitetura em que o armazenamento se liga abertamente aos servidores. As aplicações acedem aos dados do DAS utilizando protocolos de acesso ao nível do bloco. O HDD interno de um anfitrião, as bibliotecas de fitas e os pacotes de HDD externos ligados diretamente são alguns exemplos de DAS.

3.6.1 TIPOS DE DAS

O DAS é classificado como interno ou externo, com base na localização do dispositivo de armazenamento em relação ao anfitrião.

3.6.1.1 DAS INTERNO

Nas arquitecturas DAS internas, o dispositivo de armazenamento está ligado internamente ao anfitrião através de um bus série ou paralelo.

3.6.1.2 DAS EXTERNO

Nas arquitecturas DAS externas, o servidor liga-se abertamente ao dispositivo de armazenamento externo (ver Figura 3-25). Em quase todos os casos, a comunicação entre o anfitrião e o dispositivo de armazenamento é efectuada através do protocolo SCSI ou FC. Em comparação com o DAS interno, um DAS externo ultrapassa as restrições de destacamento e de contagem de dispositivos e proporciona uma gestão centralizada dos dispositivos de armazenamento.

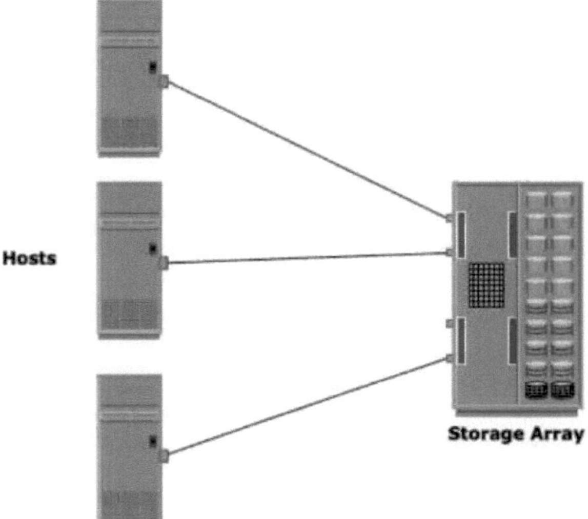

Figura 3.25: Arquitetura DAS externa

3.6.2 Vantagens e limitações da DAS

O DAS necessita de um ativo inicial razoavelmente mais baixo do que o armazenamento em rede. A configuração do DAS é fácil e pode ser implementada de forma simples e rápida. A configuração é gerida por ferramentas baseadas no anfitrião, como o SO do anfitrião, o que simplifica as tarefas de supervisão do armazenamento para as pequenas e médias empresas.

Uma largura de banda limitada no DAS limita a capacidade de processamento de E/S acessível. Quando as capacidades estão a ser realizadas, a disponibilidade de revisão pode estar a cooperar, e isto tem um efeito atual no desempenho de todos os anfitriões ligados a esse dispositivo ou matriz exacta. As limitações de distância relacionadas com a implementação do DAS como requisitos de conetividade direta podem ser resolvidas através da conetividade Fibre Channel. O DAS não faz a melhor utilização possível dos recursos devido à sua capacidade inadequada de partilhar portas front-end. Em ambientes DAS, os recursos vagos não podem ser simplesmente reatribuídos, resultando em ilhas de pools de armazenamento sobreutilizados e subutilizados.

A utilização do disco, o rendimento e a memória cache de um dispositivo de armazenamento, juntamente com a memória virtual de um anfitrião, presidem ao feito do DAS.

3.7 INTERFACES DE UNIDADE DE DISCO

O anfitrião e o dispositivo de armazenamento no DAS comunicam entre si através de protocolos predefinidos, como IDE/ATA, SATA, SAS, SCSI e FC. Estes protocolos são implementados no controlador do disco rígido. Assim, um dispositivo de armazenamento também é reconhecido pelo nome do protocolo que suporta.

3.7.1 IDE/ATA

Um disco Integrated Device Electronics/Advanced Technology Attachment (IDE/ATA) suporta o protocolo IDE. O elemento IDE em IDE/ATA fornece o requisito para os controladores relacionados com a placa-mãe do computador para comunicar com o dispositivo ligado. O elemento ATA é a interface para os dispositivos de armazenamento, como CD-ROMs, unidades de disquete e HDDs, para a placa-mãe.

O IDE/ATA tem uma série de princípios e nomes, tais como ATA, ATA/ATAPI, EIDE, ATA-2, Fast ATA, ATA-3, Ultra ATA e Ultra DMA. A versão mais recente do ATA - Ultra DMA/133 - permite um débito de 133 MB por segundo.

A Figura 3-26 demonstra dois conectores IDE usados com freqüência, ligados aos seus cabos. Um conetor de 40 pinos é usado para conectar discos ATA à placa-mãe, e um conetor de 34 pinos é usado para conectar unidades de disquete à placa-mãe. Um disco IDE/ATA apresenta um desempenho tremendo a baixo custo, tornando-o num disco rígido admirado e frequentemente utilizado.

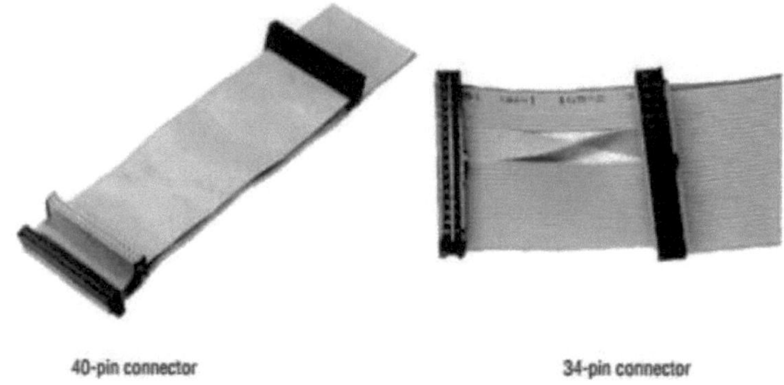

Figura 3.26: Conectores IDE comuns

3.7.2 SATA

A SATA (Serial ATA) é uma versão de série do padrão IDE/ATA. A SATA disponibiliza conetividade ponto-a-ponto até uma distância de um metro e permite a transmissão de dados a uma velocidade de 150 MB/s. Os desenvolvimentos efectuados no SATA melhoraram a velocidade de transferência de dados até 600 MB/s.

Um barramento SATA liga diretamente cada dispositivo de armazenamento ao anfitrião durante uma ligação dedicada, utilizando a sinalização de discrepância de baixa tensão (LVDS). O LVDS é um sistema de sinalização eléctrica que pode fornecer conetividade de alta velocidade através de cabos de cobre de baixo custo e de par trançado. Um bus SATA utiliza um pequeno conetor de 7 pinos e um cabo fino para a conetividade.

3.7.3 SCSI PARALELO

A SCSI está acessível numa série de interfaces. A SCSI paralela (designada por SCSI) é uma das formas mais antigas e mais apreciadas de interface de armazenamento utilizada nos anfitriões. SCSI é um conjunto de princípios utilizados para ligar um dispositivo periférico a um computador e transferir dados entre eles. Muitas vezes, a SCSI é utilizada para unir discos rígidos e cassetes a um anfitrião. A SCSI pode também ligar uma grande variedade de outros dispositivos, como scanners e impressoras. A comunicação entre os anfitriões e os dispositivos de armazenamento utiliza o conjunto de comandos SCSI.

RECURSO	IDE/ATA	SCSI
Velocidade	100, 133, 150MB/S	320 MB/s
Conectividade	Interno	Interno e externo
Custo	Baixa	Moderado a elevado
Ligação em tensão	Não	Sim
Desempenho	Moderado a baixo	Elevado
Facilidade de configuração	Elevado	Baixa a moderada
Número máximo de	2	16

dispositivos suportados

3.7.4 INTRODUÇÃO AO SCSI PARALELO
A Shugart Associates e a NCR desenvolveram uma interface de sistema em 1981 e deram-lhe o nome de Shugart Associates System Interface (SASI). A SASI foi desenvolvida com o objetivo de criar uma norma proprietária e de elevado desempenho para ser utilizada principalmente por estas duas empresas. No entanto, para aumentar a aprovação da SASI na indústria, a norma foi modernizada para uma interface adicional vigorosa e passou a chamar-se SCSI. Em 1986, a American National Standards Institution (ANSI) reconheceu a nova SCSI como uma norma industrial.

A SCSI, desenvolvida inicialmente para discos rígidos, é frequentemente comparada com a IDE/ATA. A SCSI oferece um melhor desempenho e opções de expansão e compatibilidade, o que a torna adequada para computadores topo de gama. No entanto, o elevado custo associado à SCSI limita a sua reputação entre os utilizadores domésticos ou empresariais de computadores de secretária.

3.7.5 EVOLUÇÃO DO SCSI
Antes do desenvolvimento do SCSI, as interfaces utilizadas para comunicar com os dispositivos variavam consoante o dispositivo. Por exemplo, uma interface HDD pode ser utilizada apenas com uma unidade de disco rígido. A SCSI foi desenvolvida para proporcionar um método independente do dispositivo para ligar e aceder a computadores anfitriões. A SCSI também proporcionou um barramento de E/S ponto-a-ponto competente que suportava vários dispositivos. Atualmente, a SCSI é frequentemente utilizada como interface de disco rígido. No entanto, a SCSI pode ser utilizada para adicionar dispositivos, como unidades de fita e unidades de meios ópticos, ao computador anfitrião sem modificar o hardware ou o software do sistema.

SCSI-1(1985)
O SCSI-1 definiu os fundamentos do primeiro barramento SCSI, juntamente com o comprimento do cabo, as características de sinalização, os comandos e os modos de transferência. Os dispositivos SCSI-1 suportavam apenas transmissão de extremidade única e terminação passiva. O SCSI-1 utilizava um bus estreito de 8 bits, que permitia um débito máximo de transferência de dados de 5 MB/s.

SCSI-2(1994)
Para organizar os vários problemas causados pela realização invulgar do SCSI original, foi criado um documento eficaz para definir um conjunto de comandos típicos para um dispositivo SCSI. Este conjunto de normas, denominado conjunto de controlo comum (CCS),

A norma SCSI-2 centrou-se na melhoria do desempenho, no aumento da fiabilidade e na adição de funcionalidades adicionais à interface SCSI-1, para além da normalização e formalização dos comandos SCSI.

SCSI-3

Em 1993, começa a trabalhar-se na montagem da descrição subsequente da norma SCSI, SCSI-3. Tal como a SCSI-2, o documento da norma SCSI-3 é composto por normas diferentes mas associadas, relativamente a um documento de grandes dimensões.

3.7.6 ARQUITECTURA SCSI-3

A arquitetura SCSI-3 foi aceite e publicada como norma X.3.270- 1996 pela ANSI. Esta conceção estrutural ajuda os criadores, os projectistas de hardware e os utilizadores a reconhecer e a utilizar eficazmente a SCSI. Os três principais componentes de uma réplica da arquitetura SCSI são os seguintes

• Protocolo de comando SCSI-3: Consiste em comandos principais que são comuns a todos os dispositivos, bem como em comandos específicos de dispositivos que são exclusivos de uma determinada classe de dispositivos.

• Protocolos da camada de transporte: Trata-se de um conjunto normal de regulamentos através dos quais os dispositivos se correspondem e distribuem informações.

• Interligações da camada física: Trata-se de pormenores da interface, como os métodos de sinalização eléctrica e os modos de transferência de dados.

Os métodos de acesso geral são as interfaces de software ANSI para dispositivos SCSI. A Figura 3-27 demonstra a arquitetura dos princípios SCSI-3 com grupos interligados de outras normas no âmbito da SCSI-3.

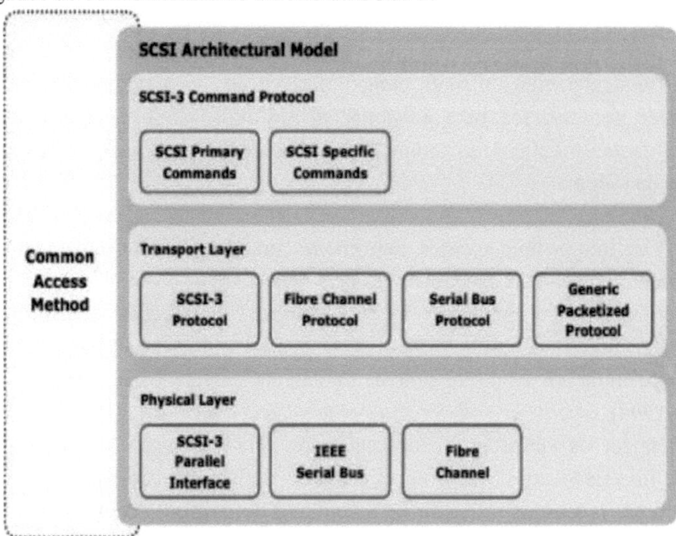

Figura 3.27 Arquitetura das normas SCSI-3

Modelo cliente-servidor SCSI-3

A arquitetura SCSI-3 baseia-se na associação cliente-servidor, em que um cliente envia um pedido de serviço a um servidor, que executa o pedido do cliente. Numa configuração SCSI, uma conceção iniciador-destinatário corresponde ao modelo cliente-servidor.

Cada dispositivo desempenha as funções seguintes:

• Dispositivo iniciador SCSI: Submete um comando ao dispositivo de destino SCSI, para executar uma tarefa. Um adaptador anfitrião SCSI é uma instância de um iniciador.

• Dispositivo de destino SCSI: Executa comandos para levar a cabo a tarefa recebida de um iniciador SCSI. Normalmente, um dispositivo periférico SCSI actua como dispositivo de destino. No entanto, em implementações convictas, o adaptador anfitrião pode, além disso, ser um dispositivo-alvo.

A Figura 3-28 apresenta o modelo cliente-servidor SCSI-3, no qual um iniciador SCSI, ou um cliente, envia uma solicitação a um alvo SCSI, ou um servidor. O alvo executa as tarefas solicitadas e envia a produtividade para o iniciador, por meio da interface de serviço de protocolo.

Um dispositivo de destino SCSI tem uma ou mais unidades lógicas. Uma unidade lógica é uma entidade que enquadra um dos modelos funcionais do dispositivo, tal como descrito nas normas de comando SCSI. A unidade lógica processa os comandos enviados por um iniciador SCSI. Uma unidade lógica tem dois componentes, um servidor de dispositivo e um gestor de tarefas, como se mostra na Figura 5-4. O servidor de dispositivos atende aos pedidos dos clientes e o gestor de tarefas executa funções de gestão.

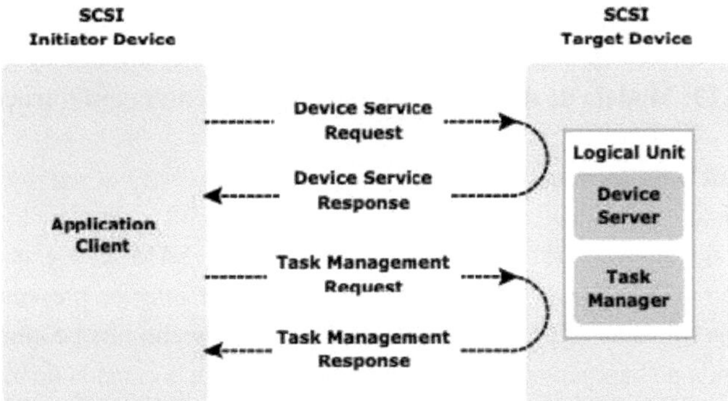

Figura 3.28: Modelo cliente-servidor SCSI-3

Cada pedido de serviço de dispositivo contém um Bloco Descritor de Comandos (CDB). O CDB define o comando a executar e cataloga as entradas específicas do comando e os parâmetros adicionais que especificam o modo de processamento do comando.

Os dispositivos SCSI são reconhecidos por um número exato denominado SCSI ID. No SCSI estreito (largura do bus=8), os dispositivos são numerados de 0 a 7; no SCSI largo (largura do bus=16), os dispositivos são numerados de 0 a 15.

3.7.7 PORTAS SCSI

As portas SCSI são os conectores físicos que facilitam a ligação das fichas dos cabos SCSI para comunicação através de um dispositivo SCSI. Um dispositivo SCSI pode ter portas de destino, portas de iniciador, portas de destino/iniciador ou um destino através de várias portas. Com base na amálgama de portas, um dispositivo SCSI pode ser classificado como um modelo de iniciador, um modelo de alvo, um modelo combinado ou um modelo de alvo com múltiplas portas (ver Figura 3-29).

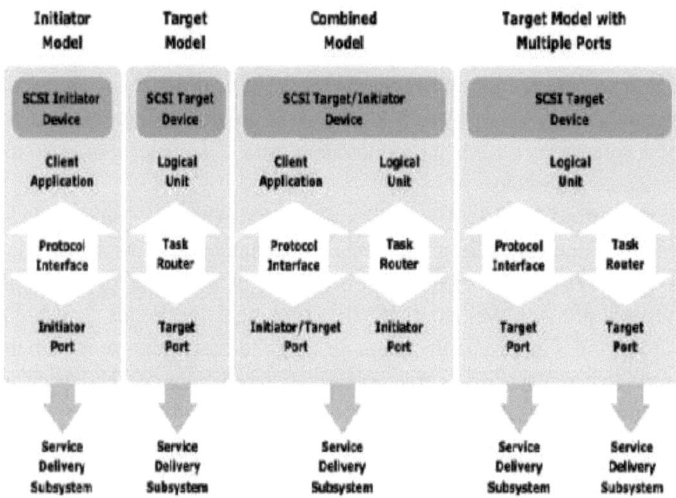

Figura 3.29: Modelo de dispositivo SCSI com diferentes configurações de porta

3.7.8 Modelo de comunicação SCSI

Um modelo de comunicação SCSI (ver Figura 3-30) é composto por três camadas de interligação, tal como se distingue no SAM-3, e é paralelo ao modelo de sete camadas OSI. As camadas de nível inferior prestam os seus serviços às camadas de nível superior. Uma camada de alto nível comunica com uma camada de baixo nível recorrendo aos serviços que a camada de baixo nível oferece. O protocolo de cada camada identifica a comunicação entre as unidades de camadas homólogas.

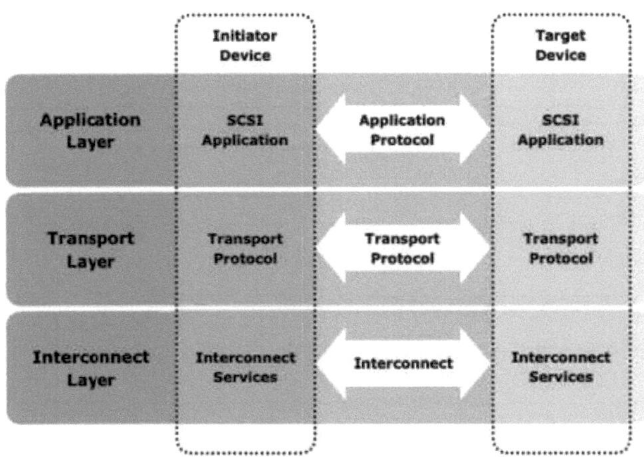

Figura 3.30: Modelo de comunicação SCSI

Eis os três níveis do modelo de comunicação SCSI:

•   **Camada de aplicação SCSI (SAL)**: Esta camada restringe as aplicações cliente e servidor que iniciam e processam operações de E/S SCSI através de um protocolo de aplicação SCSI.

•   **Camada de protocolo de transporte SCSI (STPL)**: Esta camada inclui os serviços e protocolos que permitem a comunicação entre um iniciador e alvos.

•   **Camada de interligação**: Esta camada torna possível a transferência de dados entre o iniciador e os alvos. A camada de interconexão é também reconhecida como o subsistema de prestação de serviços e inclui os serviços, os mecanismos de sinalização e as interconexões destinadas à transferência de dados.

3.7.9 MODELO DE COMANDO SCSI

No modelo de comunicação SCSI, o iniciador e o alvo comunicam entre si através de uma norma de protocolo de comando.

3.7.9.1 ESTRUTURA DO CDB

O iniciador envia um comando para o destino numa estrutura CDB. A CDB define a função que mantém uma correspondência com o pedido do iniciador a ser efectuado pelo servidor do dispositivo. A CDB é constituída por uma etiqueta de código de operação de 1 byte, acompanhada por 5 ou mais bytes que contêm parâmetros específicos do comando e termina com um campo de controlo de 1 byte (ver figura 3-31). O comprimento de um CDB varia consoante o comando e os seus parâmetros.

Byte \ Bit	7	6	5	4	3	2	1	0
0	Operation Code							
1	Command-Specific Parameters							
n-1								
n	Control							

Figure 3.31: CDB structure

3.7.9.2 CÓDIGO DA OPERAÇÃO

O código de operação é composto por campos de código de grupo e de comando (ver figura 3-32).

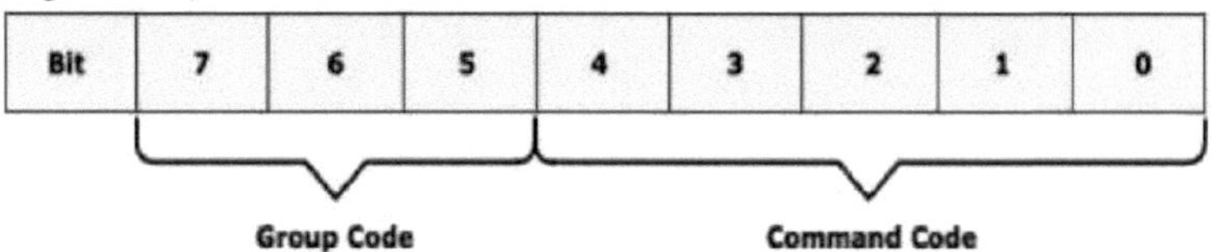

Figura 3.32: Campo do código da operação

O campo de código de grupo é um campo de 3 bits que indica o comprimento dos parâmetros precisos do comando, indicados no quadro

PARÂMETROS ESPECÍFICOS DO CODECOMMAND DO GRUPO	
0	6 bytes
1 e 2	10 bytes
3	Reservado
4	16 bytes
5	12 bytes
6 e 7	Específico do fornecedor

O campo do código de comando é um campo de 5 bits que atribui 32 códigos de comando em cada grupo, para um total de 256 códigos de operação prováveis. Alguns dos comandos SCSI frequentemente utilizados são apresentados na Tabela

DESCRIÇÃO DO COMANDO	
LER	Lê dados de um dispositivo
ESCREVER	Escreve dados num dispositivo
UNIDADE DE TESTE PRONTA	Consulta o dispositivo para verificar se está pronto para a transferência de dados
INQUÉRITO	Devolve informações básicas, que também são utilizadas para fazer ping ao dispositivo
RELATÓRIO LUNS	Lista os números das unidades lógicas
ENVIAR E RECEBER RESULTADOS DE DIAGNÓSTICO	Executa um auto-teste simples ou um teste especializado definido numa página de diagnóstico
FORMATO UNIDADE	Define todos os sectores com todos os zeros e atribui blocos lógicos, evitando sectores defeituosos
SENTIDO DE LOG	Devolve as informações actuais das páginas de registo
LOG SELECT	Utilizado para modificar dados nas páginas de registo de um dispositivo alvo SCSI
SENTIDO DE MODO	Devolve os parâmetros actuais do dispositivo a partir das páginas de modo
SELECÇÃO DE MODO	Define os parâmetros do dispositivo numa página de modo

3.7.9.3 STATUS

Após a execução do comando, a unidade lógica envia o estado, juntamente com o sinalizador, ao cliente da aplicação. O estado, à exceção de INTERMEDIATE ou INTERMEDIATECONDITION MET, aponta para o fim da tarefa.

STATUS BYTE CODESSTATUS	
oh	BOM
2h	VERIFICAR O ESTADO
4h	CONDIÇÃO MET
Bh	OCUPADO
IOh	INTERMÉDIO
14h	CONDIÇÃO INTERMÉDIA SATISFEITA
IBh	CONFLITO DE RESERVAS
22h	COMANDO TERMINADO
28h	TASK SET FULL
30h	ACA ACTIVO
Todos os outros códigos	Reservado

3.8 IP SAN

O IP permite uma gestão mais fácil e uma melhor interoperabilidade. Várias soluções de recuperação de desastres (DR) a longa distância já estão a utilizar redes baseadas em IP. Em acumulação, estão atualmente disponíveis para as redes IP numerosas opções de proteção vigorosas e estabelecidas.

As tecnologias IP SAN podem ser utilizadas numa diversidade de condições. A Figura 3-33 demonstra a coexistência de tecnologias de armazenamento FC e IP numa organização em que as aplicações de missão crítica são servidas através de FC e as aplicações empresariais significativas e as aplicações de escritório remoto utilizam IP SAN. As soluções de recuperação de desastres também podem ser executadas por meio de ambas as tecnologias.

Dois grandes protocolos que influenciam o IP como método de transporte são o iSCSI e o Fibre Channel over IP (FCIP).

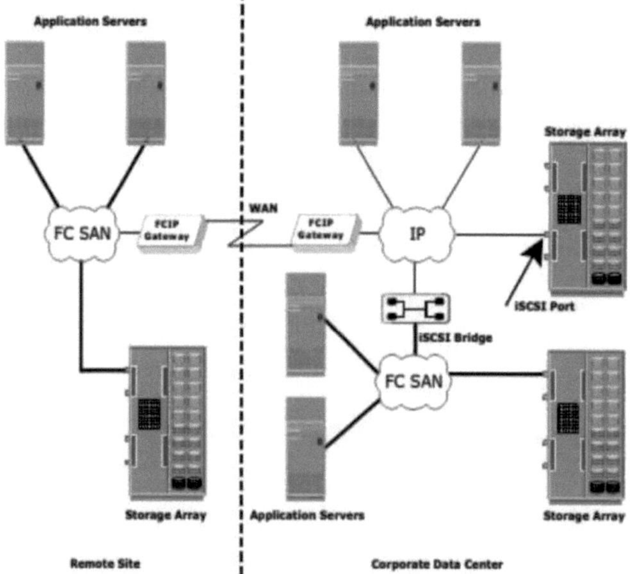

Figura 3.33: Coexistência das tecnologias de armazenamento FC e IP

O iSCSI é o encapsulamento baseado no anfitrião de E/S SCSI para além do IP, utilizando uma placa NIC Ethernet ou um HBA iSCSI no anfitrião, como mostra a figura 3-34a.

O FCIP usa um par de pontes (gateways FCIP) que se comunicam acima do TCP/IP como o protocolo de transporte. O FCIP é usado para expandir as redes FC a distâncias maiores e/ou uma infraestrutura existente baseada em IP, conforme demonstrado na Figura 3-34b.

Atualmente, o iSCSI é amplamente implementado entre servidores e armazenamento, uma vez que é comparativamente económico e simples de aplicar, particularmente em situações em que não existe uma rede SAN FC. O FCIP é amplamente utilizado em implementações de recuperação de desastres

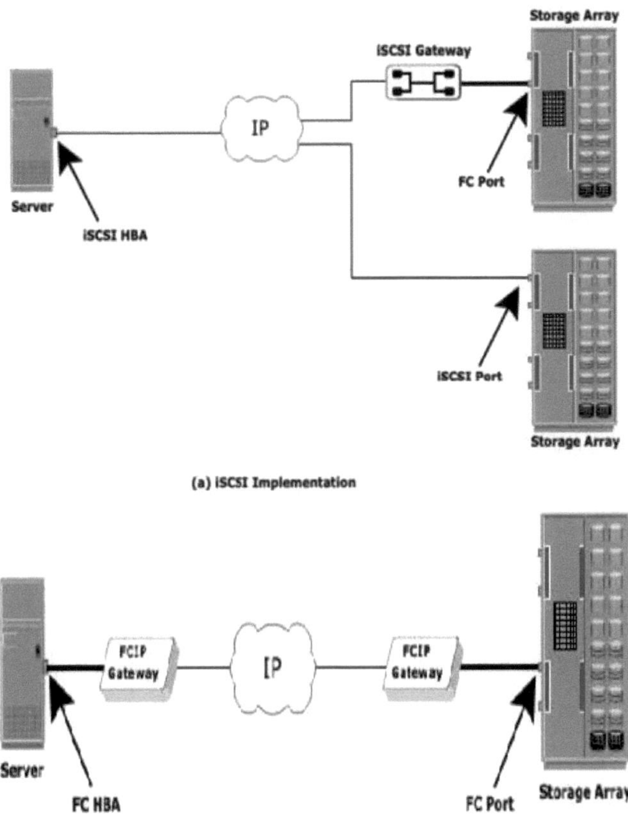

Figura 3.34a&b: Implementação iSCSI e FCIP

3.9 iSCSI

O iSCSI é um protocolo baseado em IP com o objetivo de estabelecer e gerir ligações entre armazenamento, anfitriões e dispositivos de ligação em ponte através de IP.

3.9.1 COMPONENTES DO iSCSI

Os anfitriões (iniciadores), os alvos e uma rede baseada em IP são os principais componentes iSCSI. A execução mais simples do iSCSI não requer quaisquer componentes FC. Se estiver a ser instalada uma matriz de armazenamento compatível com iSCSI, o próprio anfitrião pode funcionar como iniciador iSCSI e comunicar diretamente com o armazenamento através de uma rede IP.

3.9.2 CONECTIVIDADE DE HOST iSCSI

A conetividade do anfitrião iSCSI necessita de um componente de hardware, como uma placa de rede, através de um componente de software (iniciador iSCSI) ou de um HBA iSCSI. Para utilizar o protocolo iSCSI, deve ser instalado um iniciador de software ou um tradutor para direcionar os comandos SCSI para a pilha TCP/IP.

3.9.3 TOPOLOGIAS PARA A CONECTIVIDADE iSCSI

As topologias utilizadas para aplicar iSCSI podem ser classificadas em duas classes: nativas e em ponte. As topologias nativas não contêm todos os componentes FC; efectuam toda a comunicação através de IP. Os iniciadores podem estar diretamente ligados aos alvos ou ligados através de routers e comutadores IP normais. As topologias em ponte permitem a coexistência de FC com IP, fornecendo a funcionalidade de ponte iSCSI-para-FC. Por exemplo, os iniciadores podem estar presentes num ambiente IP, enquanto o resíduo de armazenamento se encontra numa SAN FC.

A Figura 3-35 demonstra a conetividade iSCSI nativa e em ponte

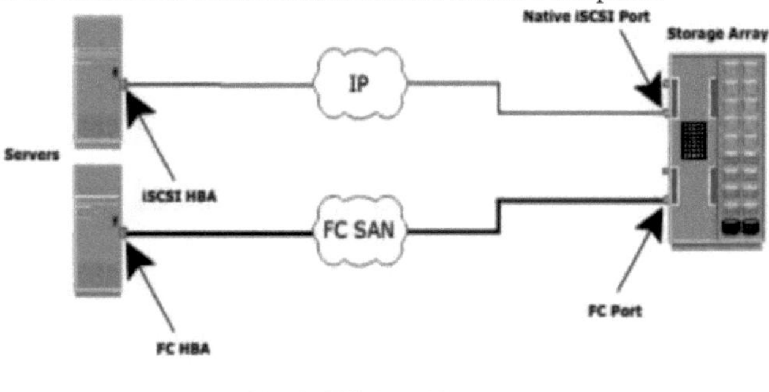

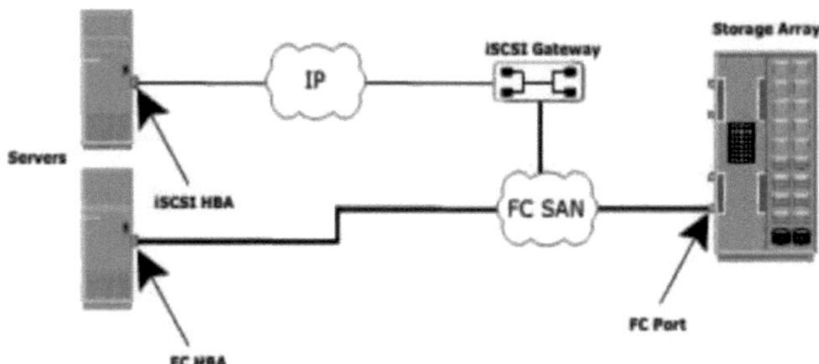

Figura 3.35: Conectividade iSCSI nativa e em ponte

3.9.4 Descoberta iSCSI

Um iniciador tem de descobrir a posição do alvo numa rede e os nomes dos alvos acessíveis a ele antes de poder iniciar uma sessão. Esta descoberta pode ser efectuada de duas formas: Descoberta de SendTargets e Serviço de Nomes de

Armazenamento na Internet (iSNS)

Na descoberta SendTarget s, o iniciador é fisicamente configurado com o portal de rede do alvo, que ele usa para determinar uma sessão de descoberta com o serviço iSCSI no alvo. O iniciador diz respeito ao comando SendTargets, e o alvo actua em resposta com os nomes e endereços dos alvos acessíveis ao anfitrião. O iSNS (consulte a Figura 3-36) permite a descoberta automática de dispositivos iSCSI numa rede IP.

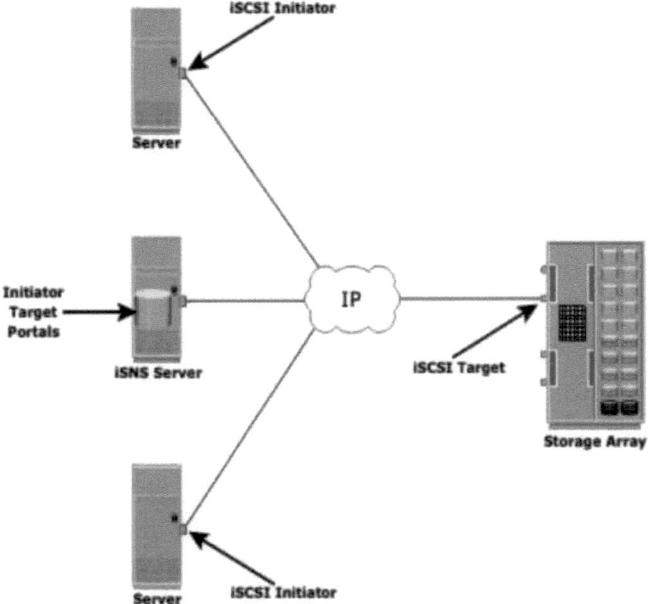

Figura 3.36: Descoberta usando iSNS

A descoberta pode ser efectuada excessivamente com o protocolo de localização de serviços (SLP), mas este é menos utilizado do que o SendTargetsdiscovery e o iSNS.

3.9.5 iSCSI NAMES

Um identificador iSCSI universal único, identificado como um nome iSCSI, é utilizado para nomear os iniciadores e os alvos numa rede iSCSI para auxiliar a comunicação. O identificador único pode ser uma mistura de departamento, aplicação, nome do fabricante, número de série, número de ativo ou qualquer etiqueta que possa ser utilizada para distinguir e lidar com um recurso de armazenamento. Existem dois tipos de nomes iSCSI:

• **Nome Qualificado iSCSI (IQN):** Uma organização tem de possuir um nome de domínio registado para produzir Nomes Qualificados iSCSI. Este nome de domínio não precisa de ser dinâmico ou de resolução para um endereço. Atualmente, tem de ser mantido para impedir que outras organizações utilizem o nome de domínio idêntico para produzir nomes iSCSI. É integrada uma data no nome para evitar potenciais divergências causadas pela transferência de nomes de domínio; a organização tem de incluir o nome de domínio nessa data.

o Um exemplo de um IQN é

o iqn.2008-02.com.example:optional_string

o A string_opcional fornece um número de série, um número de ativo ou qualquer um dos identificadores de dispositivo de armazenamento.

• **Identificador Único Alargado (EUI)**: Um EUI é um identificador internacionalmente distinto baseado na norma de nomes EUI-64 do IEEE. Um EUI consiste no prefixo eui seguido de um nome hexadecimal de 16 caracteres, como por exemplo eui.0300732A32598D26.

3.9.6 iSCSI SESSION

Uma sessão iSCSI é reconhecida entre um iniciador e um destino. Um ID de sessão (SSID), que contém um ID de iniciador (ISID) e um ID de destino (TSID), reconhece uma sessão. A sessão pode ser projectada para uma das seguintes situações:

• Descoberta de alvos acessíveis ao iniciador e localização de um alvo detalhado numa rede

• Funcionamento normal do iSCSI (transferência de dados entre iniciadores e alvos)

As ligações TCP podem ser adicionadas e removidas no âmbito de uma sessão. Cada ligação iSCSI na sessão tem um ID de ligação único (CID)

3.9.7 iSCSI PDU

Os iniciadores e alvos iSCSI comunicam através de unidades de dados do protocolo iSCSI (PDUs). Todas as PDUs iSCSI têm um ou mais segmentos de cabeçalho seguidos de zero ou mais segmentos de dados. A PDU é depois resumida num pacote IP para facilitar o transporte. Uma PDU inclui os componentes expostos na Figura 3-37.

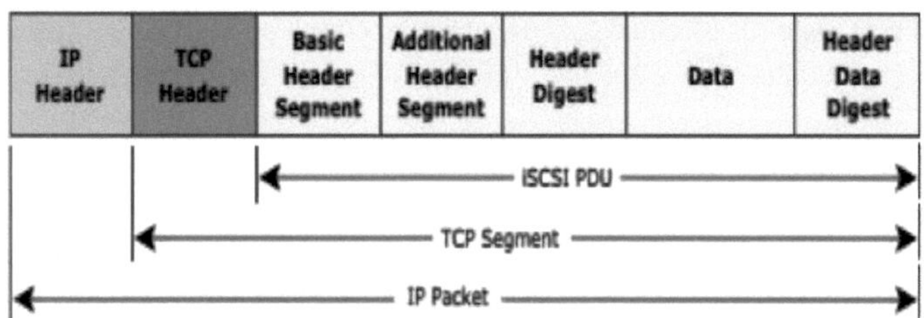

Figura 3.37: PDU iSCSI encapsulada num pacote IP

3.9.8 ORDENAÇÃO E NUMERAÇÃO

A comunicação iSCSI entre iniciadores e alvos baseia-se nas sequências de comandos de pedido-resposta. Uma sequência de comandos pode produzir várias PDUs. Um número de sequência de comandos (CmdSN) numa sessão iSCSI é utilizado para numerar todas as PDUs de comando iniciador-destino que cabem na sessão.

A sequência de comandos começa com o primeiro comando de início de sessão e o CmdSN é incrementado em um para cada comando sucessivo. A camada de destino iSCSI é responsável pela entrega dos comandos à camada SCSI pela ordem do seu CmdSN.

Comparável à numeração de comandos, um número de seqüência de status (StatSN) é usado para numerar em seqüência as respostas de status, conforme apresentado na Figura 3-38. Estes números únicos são reconhecidos ao nível da ligação TCP.

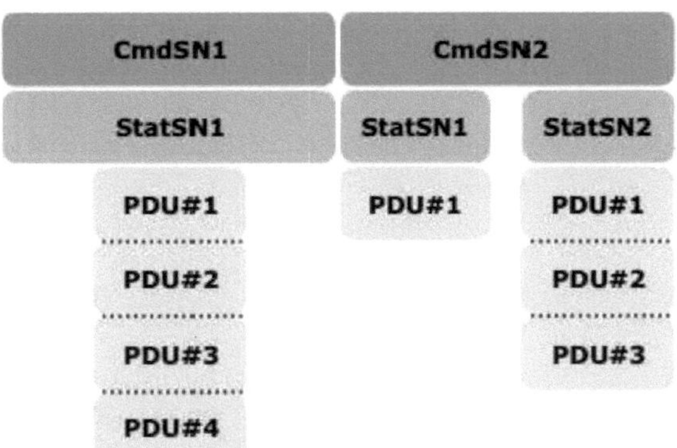

Figura 3.38: Número de sequência do comando e do estado

Um destino envia as PDUs de pedido de transferência (R2T) para o iniciador quando está pronto para permitir dados. O número de sequência de dados (DataSN) é utilizado para garantir a libertação de dados por ordem no comando equivalente.

3.9.9 Tratamento de erros e segurança iSCSI

O protocolo iSCSI aborda os erros na entrega de dados IP. A sequenciação de comandos é utilizada para o controlo do fluxo, os comandos em falta e as respostas, e os blocos de dados são descobertos através de números de sequência.

A deteção e recuperação de erros em iSCSI pode ser classificada em três níveis:

Nível 0 = Recuperação da sessão, Nível 1 = Recuperação de falhas de digitação e Nível 2 = Recuperação da ligação. O nível de recuperação de erros é negociado durante o início de sessão.

• **Nível 0**: Se uma sessão iSCSI for amolgada, todas as ligações TCP têm de ser fechadas e todas as tarefas e comandos SCSI não satisfeitos têm de ser concluídos. Posteriormente, a sessão tem de ser reiniciada através do início de sessão repetitivo.

Nível 1: Cada nó deve ser capaz de recuperar seletivamente uma PDU extraviada ou amolgada numa sessão para recuperar a transferência de dados. A este nível, consegue-se a classificação de um erro e a recuperação de dados ao nível da tarefa SCSI, e prepara-se um esforço para rever a recolocação de uma PDU extraviada ou amolgada.

• **Nível 2**: São abertas novas ligações TCP para substituir uma ligação mal sucedida. A nova ligação é activada onde a anterior falhou.

3.10   FCIP

Atualmente, as organizações parecem estar à procura de formas inovadoras de transportar dados por toda a empresa, mais perto do que a SAN, bem como a longas distâncias, para garantir que os dados chegam a todos os utilizadores que os pretendem.

A norma FCIP foi rapidamente reconhecida como uma forma conveniente e económica de reunir o melhor de dois mundos: o armazenamento de dados em bloco FC e a infraestrutura IP confirmada e amplamente implementada. O FCIP é um protocolo de tunelamento que permite que ilhas FC SAN dispersas sejam obviamente interligadas através de redes locais, metropolitanas e de área alargada baseadas em IP acessíveis. O FCIP utiliza o TCP/IP como protocolo principal. No FCIP, os quadros FC são resumidos na carga útil IP, como mostrado na Figura 3-39.

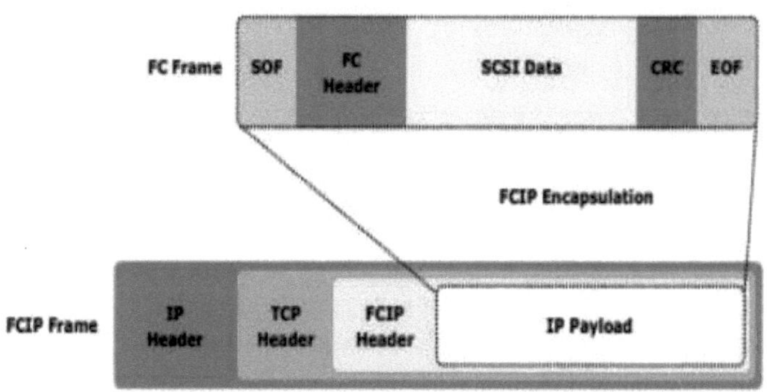

Figura 3.39: Encapsulamento FCIP

3.11   ARMAZENAMENTO DIRIGIDO AO CONTEÚDO

No ciclo de vida da informação, os dados são vigorosamente criados, acedidos, editados e alterados. À medida que os dados amadurecem, tornam-se menos passíveis de variação e acabam por se tornar "fixos", mas continuam a ser acedidos por várias aplicações e utilizadores. Estes dados são designados por conteúdos fixos.

A acumulação de conteúdos fixos, tais como documentos, mensagens de correio eletrónico, páginas Web e suportes digitais numa organização, resultou num aumento sem paralelo da quantidade de dados. Também começou o confronto com a gestão de conteúdos fixos.

O CAS é um sistema baseado em objectos, pelo que foi intencionalmente concebido para armazenar dados de conteúdos fixos. Destina-se ao armazenamento em linha seguro e à recuperação de conteúdos fixos. Ao contrário do acesso aos dados ao nível dos ficheiros e dos blocos, que utilizam os nomes dos ficheiros e a localização física dos dados para armazenamento e recuperação, o CAS armazena os dados do utilizador e os seus atributos como objectos separados. Ao objeto armazenado é atribuído um endereço internacionalmente único, conhecido como endereço de conteúdo (CA). Este endereço é o resultado da representação binária do objeto. O CAS fornece uma solução de armazenamento optimizada e gerida centralmente que pode transportar o armazenamento de instância única (SiS) para reduzir as numerosas cópias dos mesmos dados.

3.11.1 Conteúdo fixo e arquivos

Os dados são acedidos e personalizados com frequências variáveis entre o momento em que são criados e eliminados. Alguns dados mudam frequentemente, por exemplo, os dados acedidos por uma aplicação de processamento de transacções em linha (OLTP). Alguns dados que não se alteram carateristicamente, mas que podem variar se for obrigatório, são, por exemplo, listas de materiais e documentos de design.

Uma categoria diferente de dados é o conteúdo fixo, que descreve os dados que não podem ser distorcidos. As radiografias e as fotografias são exemplos de dados de conteúdo fixo.

Alguns exemplos de benefícios de conteúdo fixo incluem documentos electrónicos, mensagens de correio eletrónico, páginas Web e meios digitais (ver figura 3-40).

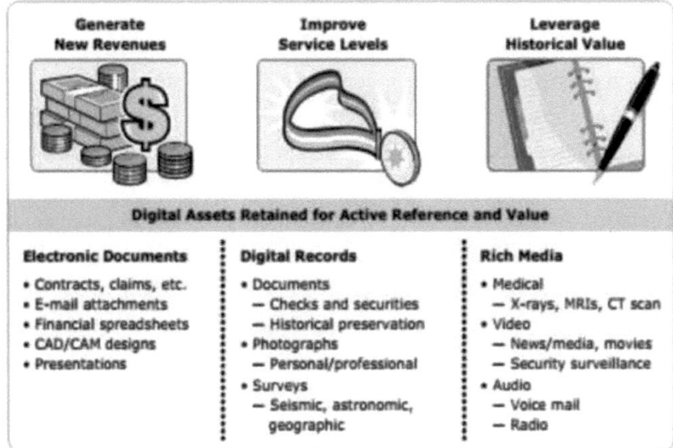

Figura 3.40: Exemplos de dados de conteúdo fixo

Um arquivo é um repositório onde são colocados conteúdos fixos. A disponibilidade de dados em linha no arquivo pode ajudar a aumentar o valor comercial da informação referenciada.

3.11.2 TIPOS DE ARQUIVOS

Um arquivo de dados eletrónico é um repositório de dados com menos requisitos de acesso. Pode ser aplicado em linha, quase em linha ou fora de linha com base nos meios de acesso:

• Arquivo em linha: O dispositivo de armazenamento está abertamente associado ao anfitrião para reunir os dados instantaneamente disponíveis. É o mais adequado para arquivos activos.

• Arquivo nearline: O dispositivo de armazenamento está associado ao anfitrião e a informação é local, mas a necessidade do dispositivo é montada ou carregada para aceder à informação.

• Arquivo offline: O dispositivo de armazenamento não está diretamente ligado, montado ou carregado. É necessária uma intrusão manual para oferecer este serviço antes de se poder aceder à informação.

Um arquivo é frequentemente armazenado num dispositivo de escrita uma vez, leitura muitas vezes (WORM), como um CD-ROM. Estes dispositivos evitam que o ficheiro original seja substituído. Alguns dispositivos de fita também disponibilizam esta funcionalidade através da execução de mecanismos de bloqueio de ficheiros no hardware ou software.

3.11.3 CARACTERÍSTICAS E VANTAGENS DO CAS

As características e vantagens do CAS são as seguintes

• **Autenticidade do conteúdo**: Garante a genuinidade do conteúdo armazenado. Isto é conseguido através da produção de um endereço de conteúdo distinto e da automatização da progressão da inspeção constante e do recálculo do endereço de conteúdo para objectos armazenados. A legitimidade do conteúdo é garantida pelo facto de o endereço atribuído a cada conteúdo fixo ser tão único como uma impressão digital. Sempre que um item é lido, o CAS utiliza um algoritmo de hashing para recalcular o endereço de conteúdo do objeto como um passo de comprovação e compara o resultado com o endereço de conteúdo original. Se o objeto falhar a comprovação, é reconstruído a partir da sua cópia espelhada.

• **Integridade do conteúdo**: Refere-se à garantia de que o conteúdo armazenado não foi alterado. A utilização de um algoritmo de hashing concebido para a legitimidade dos conteúdos garante, além disso, a integridade dos conteúdos no CAS. Se o conteúdo fixo for alterado, o CAS atribui um novo endereço ao conteúdo alterado, em vez de substituir o conteúdo fixo inventivo, se uma pista de auditoria também sustentar o conteúdo fixo no seu estado inovador. Como parte fundamental da manutenção da integridade dos dados e das competências da pista de auditoria, o CAS suporta a proteção RAID de paridade, adicionando-a ao espelhamento. Cada objeto de um sistema CAS é constantemente verificado no ambiente. Ao longo do tempo, cada objeto é testado, garantindo a integridade do conteúdo ainda no caso de falha de hardware, erro arbitrário ou esforço para modificar o conteúdo com intenção malévola.

• **Independência de localização**: O CAS utiliza um identificador distinto para que as aplicações possam influenciar a recuperação de dados, em vez de um diretório centralizado, nomes de caminhos ou URLs. Através de um endereço de conteúdo para aceder a conteúdos fixos, a localização física dos dados é inadequada para a aplicação aplicada aos dados. Assim, o local a partir do qual os dados são acedidos é visível para a aplicação. Isto dá lugar a uma mobilidade absoluta dos conteúdos para as aplicações em locais transversais.

• **Armazenamento de instância única (SiS)**: A assinatura única é utilizada para garantir o armazenamento de apenas uma única instância de um objeto. Esta assinatura resulta da ilustração binária do objeto. No momento da escrita, o sistema CAS é inquirido para distinguir se já possui um objeto através da assinatura semelhante. Se o objeto já estiver no sistema, não é armazenado; é simplesmente criado um ponteiro para esse objeto. O SiS simplifica as tarefas de gestão da oferta de armazenamento, em especial na gestão de centenas de terabytes de conteúdo fixo.

• **Aplicação da retenção:** A proteção e a manutenção dos objectos de dados é uma restrição fundamental de um sistema de arquivo. O CAS cria dois componentes indiscutíveis: um objeto de dados e um meta-objeto para cada objeto armazenado. O meta-objeto armazena as características do objeto e as estratégias de tratamento dos dados. Destinado a sistemas que possuem capacidades de retenção de objectos, as estratégias de retenção são impostas até ao fim das políticas.

• **Proteção e disposição ao nível dos registos**: Todo o conteúdo fixo é armazenado no CAS uma vez e é salvaguardado com um sistema de proteção. A matriz é constituída por um ou mais clusters de armazenamento. Várias arquitecturas de CAS oferecem um nível extra de proteção, replicando o conteúdo em matrizes situadas em locais diferentes. Além disso, a natureza dos registos segue as regras estritas conhecidas pelas entidades reguladoras para a destruição e eliminação de dados em formato eletrónico.

• **Independência tecnológica**: A interface do sistema CAS é resistente às transformações tecnológicas. Desde que o servidor de aplicações seja capaz de traçar o endereço original do conteúdo, os dados permanecem acessíveis. Embora sejam esperadas alterações de hardware, o objetivo dos fornecedores de hardware CAS é garantir a compatibilidade entre plataformas.

• **Recuperação rápida de registos**: O CAS mantém todo o conteúdo em discos que oferecem um "tempo para o primeiro byte" inferior a um segundo (200 ms-400 ms) num único cluster. O acesso aleatório ao disco no CAS permite a recuperação rápida de registos.

3.11.4 ARQUITECTURA CAS

A arquitetura do CAS é apresentada na Figura 3-41. Um cliente acede ao armazenamento baseado em CAS através de uma LAN através do servidor que executa a API (interface de programação de aplicações) CAS. A API CAS é fiável para executar funções que permitem a uma aplicação armazenar e recuperar os dados.

A arquitetura CAS é uma matriz redundante de nós independentes (RAIN), que contém nós de armazenamento e nós de acesso ligados em rede como um cluster, utilizando uma LAN privada interna. A LAN interna pode ser reconfigurada automaticamente para distinguir as alterações de configuração, como a adição de nós de armazenamento ou de acesso.

Os nós são configurados com discos rígidos ATA de baixo custo e alta capacidade. Estes nós executam um sistema operativo com um software específico que enquadra as características e funcionalidades necessárias num sistema CAS.

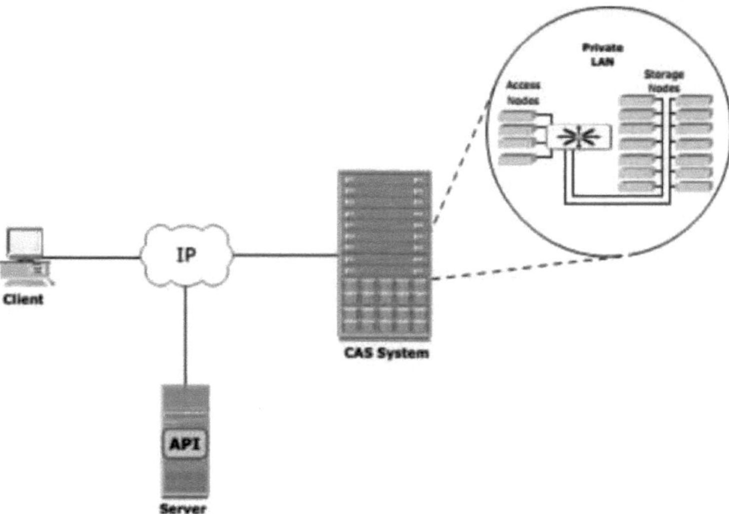

Figura 3.41: Arquitetura CAS

Os nós de armazenamento armazenam e protegem os objectos de dados. Ocasionalmente, são referidos como nós back-end. Os nós de acesso fornecem conetividade à aplicação
servidores durante a LAN do cliente. Asseguram a conetividade através de uma LAN privada para os nós de armazenamento no cluster.

Os nós de dupla função reúnem capacidades de armazenamento e de nó de acesso.

- **Controlo da integridade**: Certifica-se de que o conteúdo do ficheiro corresponde ao
assinatura digital (saída com hash ou CA). As verificações de fiabilidade podem ser efectuadas em cada leitura ou através de um processo em segundo plano. Se forem detectados problemas em qualquer um dos objectos, os nós renovam ou renovam repetidamente o objeto.

- **Proteção dos dados e resiliência dos nós**: Garantem que o conteúdo armazenado no sistema CAS esteja acessível em caso de falha do disco ou do nó. Vários sistemas CAS fornecem replicação local ou espelhos que copiam um objeto de dados para um outro nó no mesmo cluster. Isso diminui a capacidade total obtida em 50%. A proteção de paridade é outra forma de proteger os dados do CAS. Utiliza menos capacidade para armazenar dados, no entanto, obtém mais tempo para estimular os dados se estes forem destruídos. A replicação remota copia objectos de dados para um dispositivo de armazenamento secundário numa localização remota. A replicação remota é usada como uma solução de recuperação de desastres ou para backup.

- **Balanceamento de carga**: Distribui objectos de dados em vários nós para oferecer o máximo rendimento, disponibilidade e utilização da capacidade.

- **Escalabilidade**: A adição de nós adicionais ao cluster, excluindo cada interrupção do acesso aos dados e com um custo administrativo operacional mínimo.
- **Auto-diagnóstico e reparação**: Detecta e repara mecanicamente objectos degradados e alerta o administrador para um potencial problema. Estas falhas podem ser a nível de objeto ou a nível de nó. São óbvias para os utilizadores que acedem ao arquivo. Os sistemas CAS podem ser configurados para dar conhecimento a equipas de transporte remotas que analisam e efectuam reparações à distância.
- **Geração de relatórios e notificação de eventos**: Fornece exposição a pedido e notificação de ocorrências. Uma interface de linha de comando (CLI) ou uma interface gráfica de utilizador (GUI) permite a criação de vários tipos de relatórios. Qualquer anúncio de evento pode ser comunicado ao administrador através de syslog, SNMP, SMTP ou correio eletrónico.
- **Tolerância a falhas**: Garantir a disponibilidade dos dados em caso de falha de um módulo do sistema CAS, através da utilização de componentes redundantes e sistemas de proteção de dados. Se a replicação remota do CAS for realizada, o failover para o sistema CAS remoto ocorre depois que o sistema CAS primário é ocupado.
- **Pistas de auditoria**: Facilitam a documentação da atividade de gestão e qualquer que seja o acesso e a disposição dos dados. As pistas de auditoria são autorizadas por requisitos de observância.

3.11.5 ARMAZENAMENTO E RECUPERAÇÃO DE OBJECTOS EM CAS

O procedimento de armazenamento e recuperação de objectos no CAS é clarificado

- **Interface de programação de aplicações (API)**: Um desempenho de alto nível de uma interface que identifica os pormenores de como os clientes podem elaborar pedidos de serviço. A API do CAS existe no servidor de aplicações e é responsável pelo armazenamento e recuperação dos objectos num sistema CAS.
- **Perfil de acesso**: Usado por aplicativos de acesso para validar um cluster CAS e por clusters CAS para substanciá-los uns aos outros para replicação.
- Pools virtuais: Permitem que um único cluster lógico seja dividido em vários agrupamentos lógicos de dados.
- **Objeto binário de grandes dimensões (BLOB)**: Os dados reais sem as informações explicativas (metadados). A sequência de bits distintiva dos dados do utilizador representa a substância real de um ficheiro e é autónoma em relação ao nome e à localização física.
- **Endereço de conteúdo (CA)**: O endereço de um objeto, que é criado por um algoritmo de hash executado na representação binária do objeto. Ao gerar um CA, o algoritmo de hash tem em conta todos os aspectos do conteúdo, recorrendo a um endereço de conteúdo único para a aplicação do utilizador.
- **C-Clip**: Um pacote eficaz para conter dados (BLOB) e seu CDF relacionado. O ID do C-Clip é o CA que o sistema devolve à aplicação cliente. É também

designada por referência C-Clip de um manipulador de C-Clip.

* **Ficheiro descritor de clipes C (CDF):** Um ficheiro XML que o sistema produz ao criar um C-Clip. Este ficheiro inclui CAs para cada

BLOBs e metadados relacionados. Os metadados contêm características dos objectos CAS, como o tamanho, o formato e a data de expiração.

Referindo-se à Figura 3-42, o procedimento de armazenamento de objectos de dados num sistema CAS é o seguinte

1. Os utilizadores finais apresentam os dados a arquivar à API CAS utilizando uma aplicação. O servidor de aplicações pode, além disso, interagir abertamente com a fonte (por exemplo, uma máquina de raios X) que gerou este conteúdo fixo.

2. A API divide os dados reais (BLOB) em metadados e a CA destina-se à representação binária do objeto.

3. O endereço do conteúdo e os metadados do objeto são, nesse caso, inseridos no ficheiro C-Clip Descriptor File (CDF). O C-clip é subsequentemente transferido para o sistema CAS e armazenado no mesmo.

4. O sistema CAS recalcula a CA do objeto como uma etapa de comprovação e armazena o objeto. Isso serve para garantir que o conteúdo do objeto não foi alterado.

5. Uma resposta é enviada à API após uma cópia espelhada do CDF e uma cópia protegida do BLOB ter sido armazenada de forma segura no sistema CAS. Depois de um objeto de dados ser armazenado no sistema CAS, é especificado à API um C-Clip ID e o C-Clip ID é armazenado localmente no servidor de aplicações.

6. Com o C-Clip ID, o pedido sabe como compreender o suporte de dados a partir do sistema CAS. Anteriormente, um objeto é armazenado de forma eficaz; é completamente acessível aos utilizadores finais para recuperação e utilização. O endereço do conteúdo é normalmente escondido do utilizador. Um utilizador acede ao ficheiro armazenado no CAS através de um nome de ficheiro idêntico. É o servidor de aplicações que pretende indicar a AC para recuperar o conteúdo armazenado; este processo é visível para o utilizador. Não é necessária qualquer alteração à interface de utilizador da aplicação para conter o processo de armazenamento e recuperação do CAS

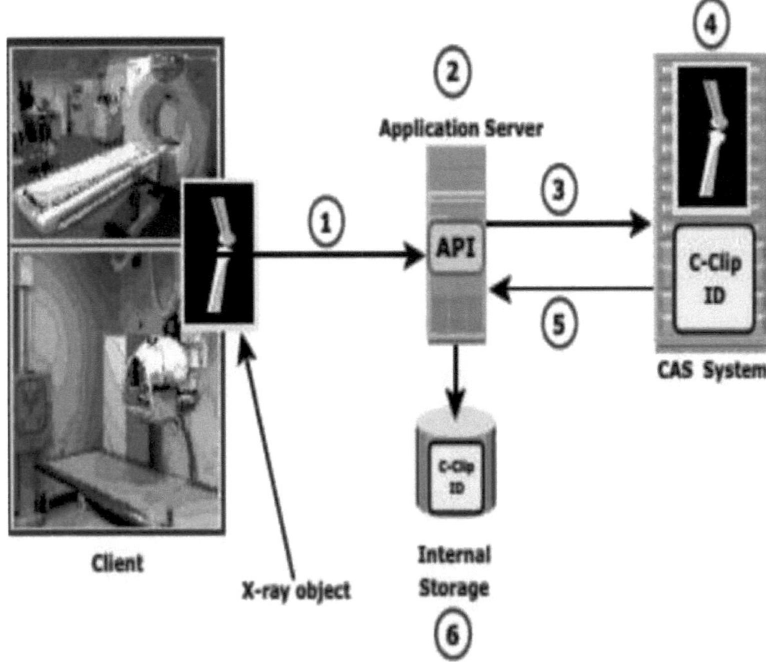

Figura 3.42: Armazenamento de objectos de dados no CAS

O procedimento de recuperação de dados que inicia o CAS (ver figura 3-43) requer os seguintes passos:

1. O utilizador final, caso contrário, uma aplicação necessita de um objeto.

2. A aplicação consulta a tabela local de IDs de C-Clips armazenados na memória local e coloca o ID do C-Clip para o objeto solicitado.

3. Com a API, um pedido de recuperação é enviado ao lado do ID do C-Clip para o sistema CAS.

4. O sistema CAS transporta as informações solicitadas para a aplicação, que por sua vez as distribui ao utilizador final.

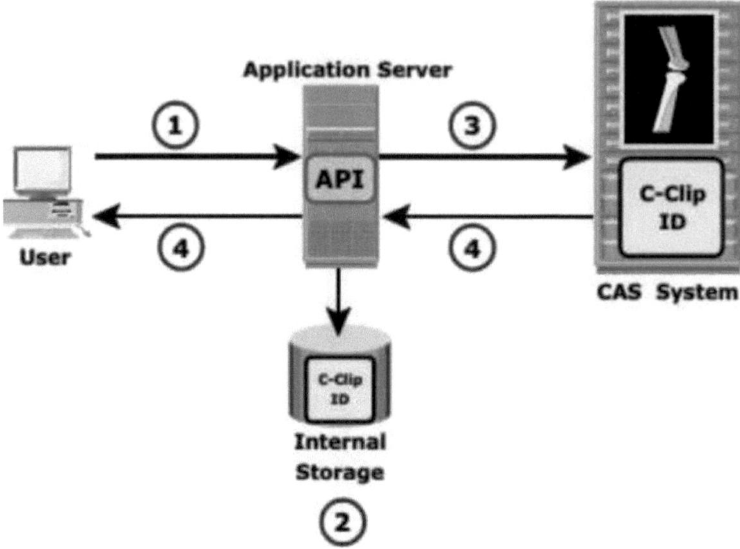

Figura 3.43: Obtenção de objectos de dados a partir do sistema CAS

3.11.6 EXEMPLOS DE CAS

As organizações criaram soluções CAS para resolver uma série de problemas comerciais. Duas soluções são explicadas em pormenor a seguir.

3.11.6.1 Solução de cuidados de saúde: Armazenamento de estudos de pacientes

Um grande centro de saúde atende centenas de doentes por dia e cria uma grande quantidade de registos médicos. Cada registo pode conter uma ou mais imagens que variam em tamanho, desde 15 MB para imagens de raios X digitais normais até mais de 1 GB para estudos oncológicos. Os registos dos doentes são armazenados em linha durante um período de 60 a 90 dias para utilização instantânea pelos médicos assistentes. A Figura 3-44 demonstra a utilização do CAS nestas circunstâncias. Os registos dos doentes são enviados para o sistema CAS após 60 a 90 dias. Isto permite o armazenamento a longo prazo e, quando é necessário o acesso instantâneo, os registos estão acessíveis através do sistema CAS.

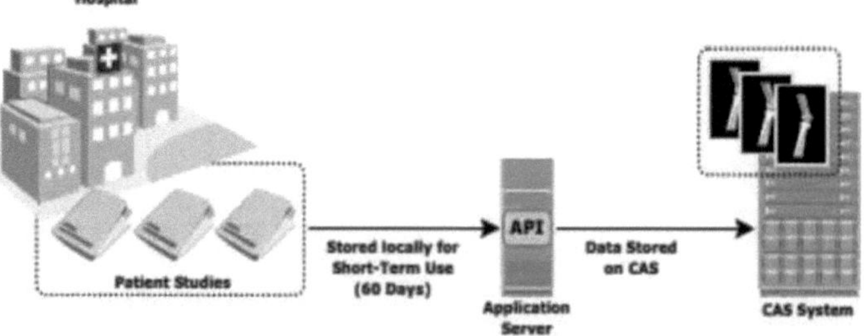

Figura 3.44: Armazenamento de estudos de doentes no sistema CAS

3.11.6.2 SOLUÇÃO FINANCEIRA: ARMAZENAMENTO DE REGISTOS FINANCEIROS

Num cenário bancário distinto, as imagens de cheques, todas com cerca de 25 KB de tamanho, são criadas e enviadas para serviços de arquivo através de uma rede IP. Um provedor de serviços de geração de imagens de cheques pode gerar de 50 a 90 milhões de imagens de cheques por mês. A Figura 3-45 mostra a utilização do CAS nesta situação. As transacções de clientes iniciadas por correio eletrónico, os contratos e os registos de transacções de segurança podem ter de ser guardados em linha durante 30 anos; o CAS é a solução de armazenamento escolhida nestes casos.

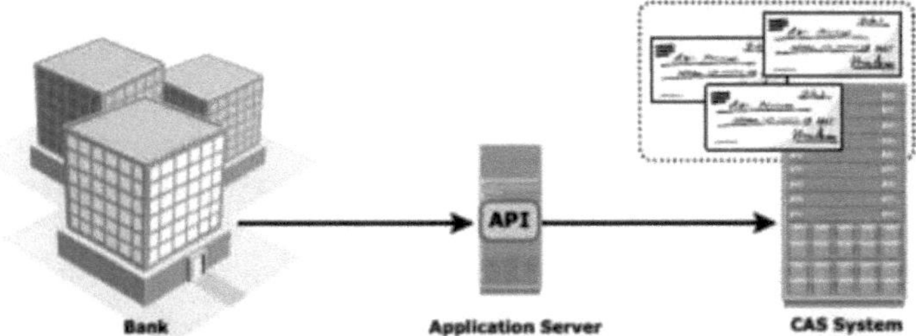

Figura 3.45: Armazenamento de registos financeiros no sistema CAS

DISPONIBILIDADE DA INFORMAÇÃO, MONITORIZAÇÃO E GESTÃO DO CENTRO DE DADOS

4.1 INTRODUÇÃO À CONTINUIDADE DAS ACTIVIDADES

Atualmente, o acesso contínuo à informação é necessário para o bom funcionamento das operações comerciais, uma vez que a taxa de interrupção das actividades pode ser ruinosa. A disponibilidade da informação é afetada por uma série de factores, tais como catástrofes naturais (por exemplo, inundações, incêndios, terramotos), ocorrências não planeadas (por exemplo, cibercrime, erro humano, falhas na rede e nos computadores) e ocorrências planeadas (por exemplo, actualizações, cópias de segurança, restauro), que têm como consequência a difusão da informação.

A continuidade das actividades (BC) é uma prática incorporada e de grande envergadura que contém todas as partes dos truques internos e externos às TI) que uma empresa tem de realizar para moderar o impacto do tempo de inatividade planeado e não planeado. A BC envolve a preparação, a reação e a recuperação de uma falha do sistema que afecte negativamente as operações comerciais. Envolve medidas pró-activas, como a análise do impacto nas empresas e as avaliações de risco, a proteção de dados e a proteção, e contramedidas reactivas, como a recuperação de desastres e a reanimação, a que se pode recorrer em caso de falha. O objetivo de uma solução de continuidade empresarial é garantir a "disponibilidade da informação" necessária para realizar operações empresariais críticas.

4.2 DISPONIBILIDADE DE INFORMAÇÕES

A disponibilidade da informação (AI) refere-se à capacidade de as comunicações serem úteis de acordo com as perspectivas da empresa durante o seu período de funcionamento específico. A disponibilidade da informação garante que as pessoas (empregados, clientes, fornecedores e parceiros) possam contactar a informação sempre que dela necessitem. A disponibilidade da informação pode ser claramente definida com a ajuda da fiabilidade, acessibilidade e atualidade.

• **Fiabilidade**: Esta caraterística traduz a capacidade de um componente de se reunir sem falhas, em condições definidas, durante um determinado período de tempo.

• **Acessibilidade**: Este é o estado em que a informação necessária está disponível no local exato, para o utilizador exato. O período de tempo durante o qual o sistema se encontra num estado disponível é designado por tempo de funcionamento do sistema; quando não está disponível, é designado por tempo de inatividade do sistema.

• **Atualidade**: Define o instante exato ou a janela de tempo (uma hora do dia, da semana, do mês e/ou do ano, conforme o caso) através da qual a informação deve estar disponível. Por exemplo, se a admissão em linha a um aparelho é necessária entre as 8:00 e as 22:00 todos os dias, quaisquer interrupções na acessibilidade dos dados fora deste intervalo de tempo não são medidas para envolver a atualidade.

4.2.1 CAUSAS DA INDISPONIBILIDADE DE INFORMAÇÃO

Uma variedade de eventos planeados e não planeados tem como consequência a indisponibilidade de dados. As interrupções planeadas incluem a instalação/integração/manutenção do hardware mais recente, actualizações ou correcções de software, cópias de segurança atractivas, restauros de aplicações e dados, operações de instalações (renovação e construção) e atualização/migração dos testes para o ambiente de produção. As interrupções não planeadas incluem falhas originadas por corrupção da base de dados, falha do módulo e erros humanos.

Outro tipo de ocorrência que pode causar indisponibilidade de dados são as catástrofes habituais ou provocadas pelo homem, como inundações, incêndios, terramotos e infecções. Como se mostra na Figura 4-1, a maior parte das indisponibilidades são planeadas. As interrupções planeadas são estimadas e listadas, mas não causam indisponibilidade de dados. Estatisticamente, é provável que menos de 1 por cento seja o resultado de uma catástrofe imprevista.

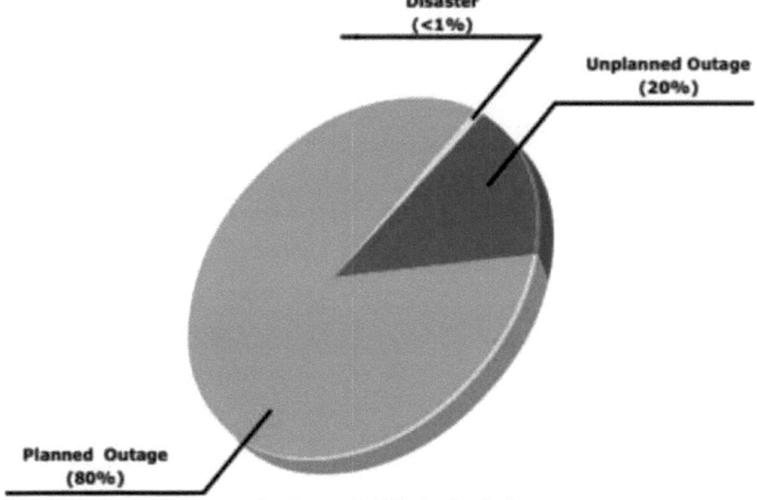

Figura 4.1: Perturbadores da disponibilidade de dados

4.2.2 MEDIR A DISPONIBILIDADE DA INFORMAÇÃO

A disponibilidade da informação depende da acessibilidade dos mecanismos de hardware e software de um centro de dados. A avaria destes mecanismos pode interromper a disponibilidade da informação. Uma avaria é a extinção da capacidade de um componente para desempenhar uma função necessária. A capacidade de um componente pode ser restabelecida através de uma ação correctiva externa, como um reinício do manual de instruções, um conserto ou uma substituição do(s) componente(s) avariado(s). A reparação consiste em repor um componente numa situação que lhe permita desempenhar uma função necessária num determinado prazo, através de procedimentos e recursos. A taxa de falha do componente e o tempo médio de reparação, que são medidos pelo MTBF e MTTR:

- **Tempo médio entre falhas (MTBF)**: É o tempo médio que um sistema ou componente pode obter para efetuar as suas operações habituais entre falhas.
- **Tempo médio de reparação (MTTR):** É o tempo médio necessário para reparar um componente avariado.

O MTTR consiste no tempo necessário para fazer o seguinte: detetar a avaria, reunir a equipa de manutenção, detetar a avaria, adquirir as peças sobressalentes, reparar, testar e recomeçar as operações normais.

A IA é a parte de uma fase de tempo em que um sistema está em condições de realizar a sua função prevista quando necessário. Pode ser articulada em termos de tempo de funcionamento e de tempo de inatividade do sistema e considerada como a quantidade ou percentagem de tempo de funcionamento do sistema:

IA = tempo de funcionamento do sistema / (tempo de funcionamento do sistema + tempo de inatividade do sistema)

Nas disposições do MTBF e do MTTR, a AI também pode ser articulada como

IA = MTBF / (MTBF + MTTR)

4.2.3 CONSEQUÊNCIAS DO TEMPO DE INACTIVIDADE

A indisponibilidade de dados, ou tempo de inatividade, tem como consequência a falha de produção, a perda de receitas, a má apresentação financeira e a indemnização por perdas e danos. A perda de produtividade diminui a produção por unidade de trabalho, equipamento e capital. A perda de rendimento contém perdas directas, pagamentos compensatórios, perdas de receitas potenciais, perdas de faturação e perdas de despesas. Uma má apresentação financeira afecta a identificação das receitas, o fluxo de caixa, os descontos, as garantias de pagamento, a notação de crédito e o preço das acções. Os danos no estatuto podem resultar numa falha de auto-confiança ou de autoridade junto de clientes, fornecedores, mercados financeiros, bancos e parceiros comerciais. Outras consequências potenciais do tempo de inatividade incluem o custo do aluguer de utensílios suplementares, horas extraordinárias e transporte extra.

O impacto comercial do tempo de inatividade é o montante de todas as perdas continuadas como consequência de uma interrupção conhecida. Uma métrica significativa, o custo médio do tempo de inatividade por hora, oferece uma estimativa fundamental para influenciar as soluções de BC adequadas.

É premeditado da seguinte forma:

Custo médio do tempo de inatividade por hora = perda média de produtividade por hora + perda média de receitas por hora

Onde:

Perda de produtividade por hora = (total dos salários e remunerações de todos os trabalhadores por semana) / (número médio de horas de trabalho por semana).

Perda média de receitas por hora = (receitas totais de uma organização por semana) / (número médio de horas por semana em que uma organização está aberta ao público).

O custo típico do tempo de inatividade por hora também pode conter uma aproximação da perda previsível de receitas devido a penalizações adicionais, tais como reputações quebradas e o custo suplementar da renovação do sistema.

4.3 Terminologia BC

• **Recuperação de desastres**: Trata-se do desenvolvimento correspondente ao restabelecimento de sistemas, dados e infra-estruturas necessários para manter as operações comerciais essenciais na ocorrência de uma catástrofe. É a progressão do restauro de uma réplica anterior dos dados e a aplicação de registos ou outros processos obrigatórios a essa cópia para a levar a um ponto de fiabilidade identificado. Uma vez concluída cada recuperação, os dados são autenticados para garantir que estão correctos.

• **Reinício de desastre**: Trata-se do reinício das operações comerciais através de cópias espelhadas consistentes de dados e aplicações.

• **Objetivo do ponto de recuperação (RPO):** É o momento em que os sistemas e os dados têm de ser recuperados após uma falha de energia. Descreve a quantidade de perda de dados que uma empresa pode suportar. Um RPO elevado implica uma elevada aceitação da perda de informação numa empresa. Com base no RPO, as organizações planeiam a menor quantidade de ocorrências para as quais têm de ser preparadas cópias de segurança ou imitações. Por exemplo, se o RPO for de seis horas, os backups ou réplicas têm de ser preparados pelo menos uma vez em 6 horas. A Figura 4-2 mostra diferentes RPOs e suas consequentes melhores estratégias de recuperação. Uma organização pode mapear uma resolução de tecnologia de BC adequada com base no RPO que define. A título de exemplo:

RPO de 24 horas: Estes asseguram que essas cópias de segurança são formadas numa unidade de fita externa a cada meia-noite. A política de recuperação subsequente consiste em restaurar os dados a partir do conjunto das últimas cassetes de cópia de segurança.

RPO de 1 hora: Isto envia os registos da base de dados para o local distante a cada hora. A política de recuperação análoga consiste em melhorar a base de dados no ponto do último envio de registos.

RPO de zero: Esta solução espelha dados críticos de forma síncrona para um local remoto.

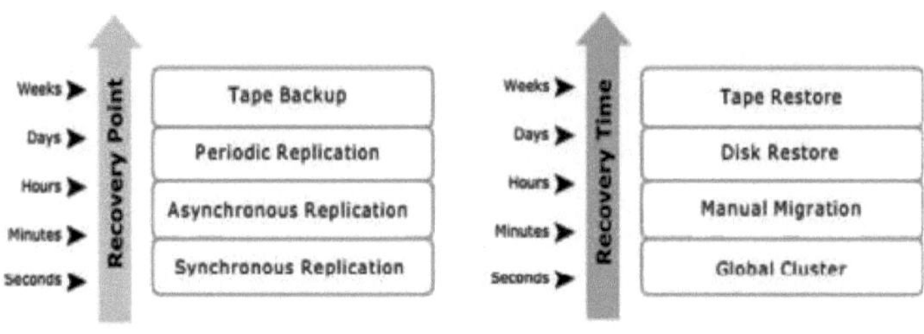

Figura 4.2: Estratégias para atingir os objectivos de RPO e RTO

- Objetivo de tempo de recuperação (RTO): O tempo que os sistemas, aplicações ou funções têm de ser melhorados após uma interrupção. Ele define a quantidade de tempo de inatividade que uma empresa pode sofrer e suportar. As empresas podem otimizar as tácticas de recuperação de desastres após a definição do RTO para um centro de dados ou rede conhecidos. Por exemplo, se o RTO for de duas horas, utilize uma cópia de segurança em disco, uma vez que permite um restauro mais rápido do que uma cópia de segurança em fita. No entanto, para um RTO de uma semana, o backup em fita provavelmente atenderá a todos os requisitos. Alguns exemplos de RTOs e de estratégias de recuperação para garantir a disponibilidade dos dados são apresentados abaixo (consulte a Figura):

RTO de 72 horas: Restaurar a partir de fitas de backup em um local frio.

RTO de 12 horas: Restaurar a partir de fitas num hot site.

RTO de 4 horas: Utilizar um salto de dados para um hot site.

RTO de 1 hora: Servidores de produção em cluster com espelhamento de disco baseado em controlador.

RTO de alguns segundos: Servidores de produção em cluster com espelhamento bidirecional, permitindo que as aplicações sejam executadas em ambos os locais em simultâneo.

4.4 CICLO DE VIDA DO PLANEAMENTO BC

O planeamento da gestão da mudança climática deve seguir uma abordagem regrada, à semelhança de vários outros processos de planeamento. O ciclo de vida do planeamento da gestão da segurança do negócio consiste em cinco fases (ver figura 4-3).

1. Definição de objectivos
2. Analisar
3. Conceção e desenvolvimento
4. Implementação
5. Formação, teste, avaliação e manutenção

Em cada fase do ciclo de vida do planeamento da gestão empresarial são realizadas várias actividades, bem como as acções-chave subsequentes:

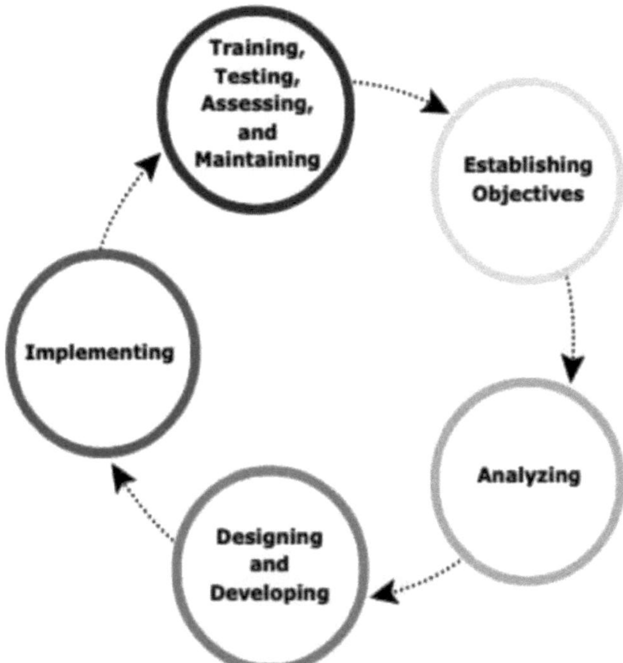

Figura 4.3: Ciclo de vida do planeamento da BC

1. Estabelecimento de objectivos

a) Estabelecer requisitos de BC.

b) Adivinhar o âmbito e o plano financeiro para atingir os requisitos.

c) Escolher um grupo de controlo, permitindo que especialistas na matéria iniciem todas as áreas da produção, quer sejam internos ou externos.

d) Gerar políticas de BC.

2. Analisar

a) Recolher informações sobre perfis de dados, processos empresariais, suporte de infra-estruturas, dependências e regularidade da utilização de infra-estruturas empresariais.

b) Reconhecer os requisitos comerciais sérios e atribuir a preocupação principal à recuperação.

c) Gerar uma análise de risco para áreas graves e estratégias de atenuação.

d) Gerar uma Análise de Impacto no Negócio (BIA).

e) Gerar uma análise de custos e lucros com base na penalização da indisponibilidade de dados.

f) Opções de estimativa.

3. Conceção e desenvolvimento

a) Descreva a estrutura da equipa e atribua funções individuais e tarefas agrícolas. Por exemplo, são formadas equipas diferentes para actividades como a resposta a emergências, a avaliação de danos e a recuperação de infra-estruturas e aplicações.

b)   Planear estratégias de proteção de dados e alargar a infraestrutura.

c)   Aumentar os cenários de eventualidade.

d)   Criar procedimentos de resposta a situações urgentes.

e)   Especificar os procedimentos de reativação e de retoma.

4.   Implementação

a)   Executar procedimentos de gestão e redução de riscos que incluam cópias de segurança, replicação e gestão de recursos.

b)   Organizar os locais de recuperação de desastres que podem ser explorados se um desastre afetar o centro de dados principal.

c)   Empregar redundância para cada recurso num centro de dados para evitar pontos únicos de falha.

5.   Formação, teste, avaliação e manutenção

a)   Dar formação aos funcionários responsáveis pela cópia de segurança e replicação de dados críticos para a empresa, normalmente ou sempre que houver uma alteração no plano de BC.

b)   Informar os empregados sobre os procedimentos de reação a situações urgentes quando se verificam catástrofes.

c)   Educar a banda de recuperação sobre os procedimentos de recuperação com base em cenários de eventualidade.

d)   Efetuar processos de avaliação de riscos e analisar planos de recuperação.

e)   Analisar frequentemente o plano de BC para avaliar o seu desempenho e reconhecer as suas restrições.

f)   Avaliar os relatórios de apresentação e reconhecer as suas limitações.

g)   Modernizar os planos de BC e os procedimentos de recuperação/reinício para replicar as alterações habituais contidas no centro de dados.

4.5 ANÁLISE DE FALHAS

A análise de falhas implica a análise do centro de dados para classificar os sistemas susceptíveis de um único ponto de falha e a implementação de técnicas de tolerância a falhas, como a redundância.

4.5.1 PONTO ÚNICO DE FALHA

Um ponto único de falha refere-se à falha de um módulo que pode interromper a acessibilidade do sistema completo ou do serviço informático.

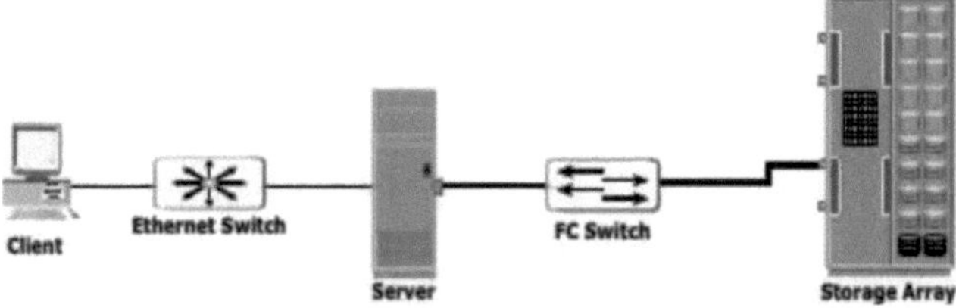

Figura 4.4: ponto único de falha

A figura 4-4 retrata uma disposição do sistema em que a relevância sucessiva no servidor fornece um limite ao cliente e executa operações de E/S. O cliente está

112

associado ao servidor através de uma rede IP, o servidor está associado à matriz de armazenamento através de uma ligação FC, um HBA instalado no servidor envia ou recebe dados de e para uma matriz de armazenamento e um comutador FC liga o HBA à porta de armazenamento. Numa disposição em que todos os módulos têm de funcionar conforme necessário para garantir a disponibilidade dos dados, a falha de um único componente provoca a falha de todo o centro de dados ou de uma aplicação, resultando na interrupção das operações comerciais. Neste caso, podem ser reconhecidos vários pontos únicos de falha. O HBA único no servidor, o próprio servidor, a rede IP, o comutador FC, as portas da matriz de armazenamento ou ainda a matriz de armazenamento podem transformar-se em potenciais pontos únicos de falha. Para evitar os pontos únicos de falha, é necessário utilizar um método tolerante a falhas.

4.5.2 TOLERÂNCIA A FALHAS

Para evitar um ponto único de falha, os sistemas são concebidos com redundância, de modo a que o sistema só falhe se todos os sistemas do agrupamento de redundância falharem. Isto garante que a avaria de uma única secção não afecta a disponibilidade dos dados. A figura 4-5 exemplifica a conclusão do sistema tolerante a falhas.

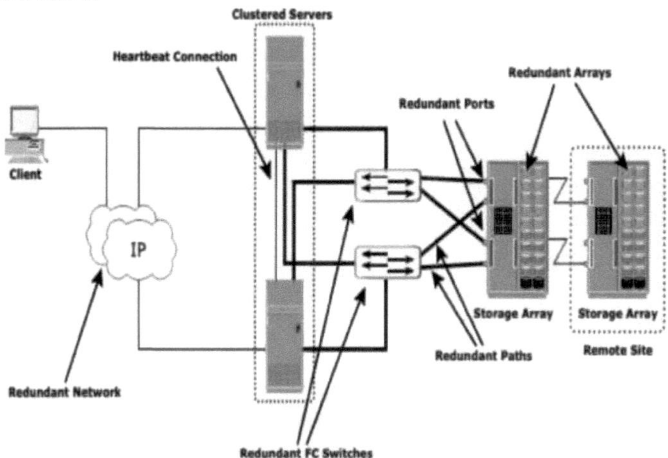

Figura 4.5: implementação da tolerância a falhas

* Disposição de vários HBAs para evitar a falha de um único HBA.
* Disposição de vários tecidos para comunicar uma falha do interrutor.
* Disposição de várias portas da matriz de armazenamento para melhorar a disponibilidade da matriz de armazenamento.
* Configuração RAID para garantir um funcionamento constante em caso de falha do disco.
* Implementação de uma matriz de armazenamento num local remoto para evitar falhas no local.

• Implementação do agrupamento de servidores (anfitriões), um meio de tolerância a falhas através do qual dois ou mais servidores num agrupamento acedem a um conjunto semelhante de volumes. Os servidores agrupados trocam batimentos cardíacos para se notificarem mutuamente sobre a sua saúde. Se um dos servidores falhar, o servidor seguinte assume a carga de trabalho total.

4.5.3 SOFTWARE DE MULTIPATHING

A configuração de vários caminhos aumenta a disponibilidade dos dados durante a ativação pós-falha do caminho. Se os servidores estiverem configurados com um caminho de E/S para os dados, não haverá acesso aos dados se esse caminho falhar. Caminhos desnecessários erradicam o caminho para se transformarem em pontos únicos de falha. Vários caminhos para os dados também desenvolvem o desempenho de E/S através da distribuição da carga e exploram a utilização do servidor, do armazenamento e do caminho de dados

O software Multipathing também supervisiona o balanceamento de carga, emitindo E/S para todos os caminhos activos e disponíveis.

4.6 ANÁLISE DO IMPACTO NAS EMPRESAS

Uma análise de impacto comercial (BIA) identifica e avalia os impactos financeiros, operacionais e de serviço de uma perturbação em processos comerciais importantes. As áreas funcionais preferenciais são calculadas para concluir a flexibilidade da infraestrutura para manter a disponibilidade da informação. O processo BIA conduz a uma descrição pormenorizada dos incidentes e do seu impacto sobre as funções empresariais. O impacto pode ser específico em termos de dinheiro ou em termos de tempo. Com base nos impactos prováveis relacionados com o tempo de inatividade, as empresas podem estabelecer prioridades e executar contramedidas para atenuar a possibilidade de tais interrupções.

Uma AIB inclui o seguinte conjunto de tarefas:

• Reconhece os principais processos de negócio que são importantes para o seu funcionamento.

• Concluir os atributos do processo empresarial em disposições de
aplicações, bases de dados e requisitos de hardware e software.

• Aproximar os custos de fracasso para cada processo empresarial.

• Avalie a interrupção máxima tolerável e identifique o RTO e o RPO para cada processo empresarial.

• Configurar o mínimo de recursos necessários para o funcionamento dos processos empresariais.

• Decidir as estratégias de recuperação e os custos da sua aplicação.

• Otimizar a política de backup e recuperação empresarial com base nas prioridades empresariais.

• Examinar o estado atual da disponibilidade de BC e otimizar o planeamento de BC em perspetiva.

4.7 SOLUÇÕES TECNOLÓGICAS BC

Após a análise do impacto comercial de uma interrupção, a conivência com soluções adequadas para recuperar de uma falha é a ação essencial subsequente. Uma ou mais cópias dos dados originais são mantidas através de qualquer uma das estratégias subsequentes, de modo a que os dados possam ser recuperados e as operações comerciais possam ser reiniciadas utilizando uma cópia alternada:

- **Cópia de segurança e recuperação**: A cópia de segurança em cassete é o principal esquema para garantir

disponibilidade de dados. Atualmente, são utilizados discos de baixo custo e de elevada capacidade para a cópia de segurança, o que acelera significativamente o processo de cópia de segurança e recuperação. A regularidade da cópia de segurança é indomável com base no RPO, RTO e na regularidade das alterações de dados.

- **Replicação baseada na matriz de armazenamento (local)**: Os dados podem ser simulados para uma localização diferente dentro da mesma matriz de armazenamento. A cópia é utilizada em paralelo para operações de BC. As réplicas também podem ser utilizadas para operações de restauro se ocorrer uma fraude de dados.

- **Replicação baseada na matriz de armazenamento (remota):** Os dados de uma matriz de armazenamento podem ser replicados para mais uma matriz de armazenamento situada num local remoto. Se a matriz de armazenamento for extraviada devido a um desastre, as operações de BC começam a partir da matriz de armazenamento remota.

- **Replicação baseada no anfitrião**: O software da aplicação ou o LVM asseguram que uma cópia dos dados geridos por eles é mantida localmente ou num local remoto para efeitos de recuperação.

4.8 CÓPIA DE SEGURANÇA E RECUPERAÇÃO

Uma cópia de segurança é uma réplica dos dados de produção, produzida e preservada com a única função de recuperar dados apagados ou contaminados. Além disso, as organizações exigem a realização de cópias de segurança a um custo mais baixo e com a menor quantidade de recursos.

As organizações têm de se certificar de que os dados certos estão no sítio certo e na altura certa. Estimar as tecnologias de cópia de segurança, a recuperação e os requisitos de retenção de dados e aplicações é um passo necessário para garantir uma implementação bem sucedida da solução de cópia de segurança e recuperação.

A solução deve facilitar a recuperação e a recuperação de cópias de segurança e arquivos, conforme necessário para a empresa.

4.8.1 OBJECTIVO DA CÓPIA DE SEGURANÇA

As cópias de segurança são efectuadas com três objectivos: recuperação de desastres, cópia de segurança operacional e arquivo.

4.8.2 RECUPERAÇÃO DE DESASTRES

As cópias de segurança podem ser executadas para responder às necessidades de recuperação de desastres. As cópias de segurança são utilizadas para restaurar dados num local de intercâmbio quando o local crucial fica debilitado devido a uma catástrofe. Com base nos requisitos de RPO e RTO, as organizações utilizam estratégias de cópia de segurança diferentes para a recuperação de desastres.

4.8.3 RESERVA OPERACIONAL

Os dados no ambiente de fabrico mudam com cada transação e operação comercial. A cópia de segurança operacional é uma cópia de segurança dos dados numa determinada altura e é utilizada para repor os dados em caso de perda de dados ou de corrupções lógicas que possam surgir durante o processamento de rotina. A maioria dos pedidos de restauro em quase todas as organizações enquadra-se nesta categoria.

Por exemplo, é normal que um utilizador apague involuntariamente um correio eletrónico essencial ou que um ficheiro fique corrompido, o que pode ser restaurado a partir de uma cópia de segurança operacional.

4.8.4 ARQUIVO

As cópias de segurança também são efectuadas para dar resposta aos requisitos de arquivo. Apesar de o CAS ter surgido como a principal solução para os arquivos, as cópias de segurança habituais continuam a ser utilizadas pelas pequenas e médias empresas para a manutenção a longo prazo dos registos de transacções, mensagens de correio eletrónico e outros registos comerciais necessários para a conformidade autoritária.

Para além de responderem aos requisitos operacionais, de recuperação de desastres e de arquivo, as cópias de segurança servem de proteção contra a perda de dados devido a danos físicos num dispositivo de armazenamento, falhas de software ou ataques de vírus. As cópias de segurança também podem ser utilizadas para defender contra acidentes, como uma remoção ou eliminação intencional de dados.

4.8.5 CONSIDERAÇÕES SOBRE CÓPIAS DE SEGURANÇA

A quantidade de perda de dados e o tempo de inatividade que uma empresa pode suportar em termos de RTO e RPO são as principais preocupações na seleção e implementação de uma estratégia de cópia de segurança precisa. Uma outra consideração é o período de preservação, que define o período durante o qual uma empresa precisa de manter as cópias de segurança. Alguns dados são conservados durante anos e outros apenas durante alguns dias. Também é essencial pensar no tipo de suporte de cópia de segurança, com base no período de preservação e na acessibilidade dos dados. O local e a hora da operação de restauro devem ser medidos, juntamente com a distinção entre ficheiros e a compressão de dados que manipula o processo de cópia de segurança.

A localização, o tamanho e o número de ficheiros também devem ser considerados, uma vez que podem afetar o processo de cópia de segurança.

A compressão de dados é amplamente utilizada em sistemas de cópia de segurança, uma vez que a compressão poupa espaço no suporte de dados. Muitos dispositivos de cópia de segurança, tais como unidades de fita, têm suporte incorporado para compressão de dados baseada em hardware. Alguns dados, como os binários de aplicações, não são bem comprimidos. Os dados de texto são bem comprimidos, enquanto outros dados, como ficheiros JPEG e ZIP, são previamente comprimidos.

4.8.6 GRANULARIDADE DO BACKUP

A granularidade da cópia de segurança depende dos pedidos comerciais e do RTO/RPO obrigatório. Com base na granularidade, os backups podem ser classificados como completos, cumulativos e incrementais. A maioria das organizações utiliza uma mistura destes três tipos de backup para reunir os seus requisitos de backup e recuperação. A Figura 4-6 mostra as categorias de granularidade de backup.

A cópia de segurança completa é uma cópia de segurança de todos os dados nos volumes de fabrico num determinado momento. Uma cópia de segurança completa é criada copiando os dados dos volumes de produção para um dispositivo de armazenamento secundário.

O backup incremental copia os dados que sofreram distorção desde o backup completo ou incremental anterior, ou que ocorreram mais recentemente. Isto é muito mais rápido (porque o volume de dados com backup é restrito aos dados alterados), mas demora mais tempo a restaurar.

O backup cumulativo (ou diferencial) copia os dados que foram distorcidos desde o último backup completo. Este processo demora mais tempo do que o backup incremental, mas é mais rápido de restaurar.

O backup completo sintético (ou construído) é mais um tipo de backup que é utilizado em implementações onde os recursos do volume de fabrico não podem ser inteiramente mantidos para um processo de backup por períodos extensos para efetuar um backup completo. Um backup completo sintético permite que uma cópia de backup completa seja torcida offline sem perturbar a operação de E/S no volume de produção.

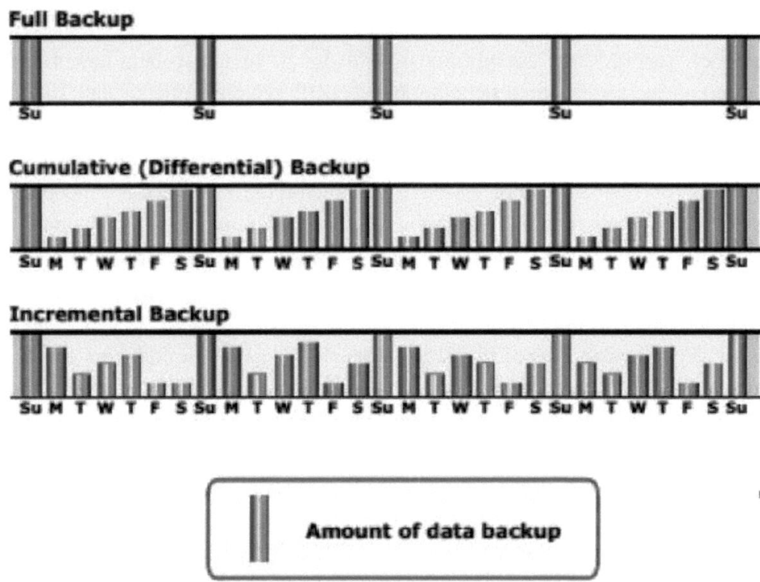

Figura 4.6: Níveis de granularidade da cópia de segurança

As operações de restauro diferem consoante a granularidade do backup. Um backup completo fornece um único depósito a partir do qual os dados podem ser simplesmente restaurados. O processo de restauro que começa com uma cópia de segurança incremental necessita da última cópia de segurança completa e de todas as cópias de segurança incrementais acessíveis até ao ponto de restabelecimento. Um restauro a partir de um backup cumulativo requer o último backup completo e o backup cumulativo mais recente.

A Figura 4-7 ilustra um exemplo de um backup e restauração incrementais.

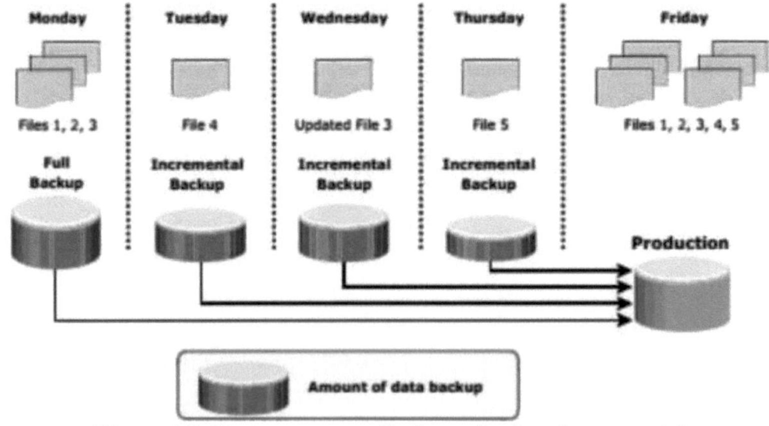

Figura 4.7: Restaurar a partir de um backup incremental

Os dados podem ser efetivamente restaurados para o seu estado anterior. A Figura 4-8 ilustra um exemplo de backup e restauração cumulativos.

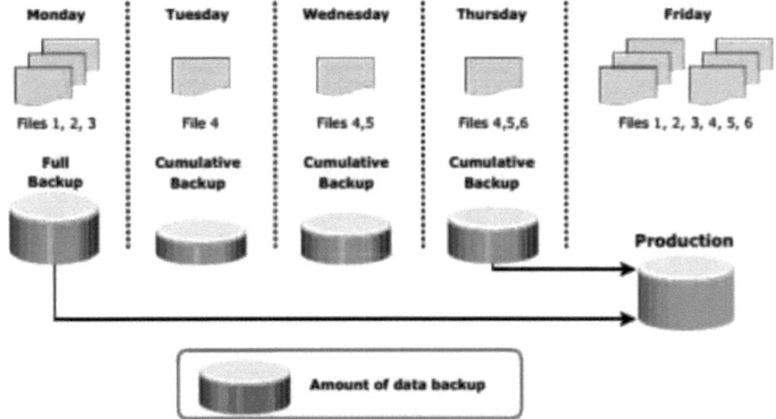

Figura 4.8: Restaurar um backup cumulativo

4.8.7 CONSIDERAÇÕES SOBRE A RECUPERAÇÃO

O RPO e o RTO são as principais preocupações quando se planeia uma estratégia de cópia de segurança. O RPO define o limite tolerável de perda de dados para uma empresa e identifica o intervalo de tempo entre dois backups. Por outras palavras, o RPO determina a frequência do backup. Por exemplo, se a aplicação A necessitar de um RPO de um dia, será necessário efetuar o backup dos dados pelo menos uma vez por dia.

O período de preservação de um backup também resulta de um RPO específico para a recuperação operacional. Por exemplo, os utilizadores da aplicação "A" podem pedir para restaurar os dados da aplicação a partir da sua cópia de segurança operacional, que foi criada há um mês. Isto decide o período de preservação da cópia de segurança. O RPO para a aplicação A pode, portanto, variar entre um dia e um mês, com base nas necessidades de recuperação operacional. No entanto, a organização pode decidir manter a cópia de segurança durante um período de tempo mais longo devido a políticas internas ou factores externos, tais como directivas regulamentares.

Se os períodos de retenção pequenos forem específicos para as cópias de segurança, pode não ser provável recuperar todos os dados necessários para o ponto de recuperação de recurso, uma vez que vários dados podem ser mais antigos do que o período de retenção. Os períodos de retenção longos podem ser distintos para todas as cópias de segurança, tornando provável o cumprimento de qualquer RPO dentro dos diferentes períodos de retenção.

O RTO refere-se ao tempo necessário para o processo de recuperação. Para atingir o RTO definido, a empresa pode decidir utilizar uma mistura de soluções de backup diferentes para reduzir o tempo de recuperação. Num ambiente de backup, o RTO manipula o tipo de suporte de backup que deve ser utilizado. Por exemplo, a recuperação de fluxos de dados multiplexados em fita demora mais tempo a ser concluída do que a recuperação de fitas sem multiplexagem.

As organizações efectuam mais backups completos do que realmente necessitam devido a restrições de recuperação. Os backups cumulativos e incrementais dependem de um backup completo anterior. Ao restaurar a partir de suportes de fita, são necessárias várias fitas para recuperar totalmente o sistema. Com um backup completo, a recuperação pode ser realizada com um RTO mais baixo e um número menor de fitas.

4.8.8 MÉTODOS DE CÓPIA DE SEGURANÇA

O backup a quente e o backup a frio são as duas técnicas utilizadas para o backup. No backup a quente, a aplicação está ativa e a funcionar, com os utilizadores a acederem aos seus dados durante o processo de backup. Numa cópia de segurança a frio, a aplicação não está ativa durante o processo de cópia de segurança.

A cópia de segurança dos dados de produção online torna-se mais exigente porque os dados estão a ser ativamente utilizados e alterados. Um ficheiro aberto é bloqueado pelo sistema operativo e não é derivado durante o processo de backup, na expetativa de que o utilizador o feche. A aplicação de backup pode efetuar o backup de ficheiros abertos tentando novamente a operação em ficheiros que foram abertos anteriormente no processo de backup. Durante o processo de backup, pode ser provável que os ficheiros abertos anteriormente sejam fechados e que uma repetição seja bem sucedida. O número máximo de novas tentativas pode ser configurado dependendo da aplicação de backup.

A aplicação de backup propõe agentes de ficheiros abertos. Estes agentes interrelacionam-se diretamente com o sistema operativo e permitem a criação de cópias regulares de ficheiros abertos. Em alguns ambientes, a utilização de agentes de ficheiros abertos não é suficiente. Por exemplo, uma base de dados é constituída por muitos ficheiros de diferentes tamanhos, que ocupam vários sistemas de ficheiros. Para garantir uma cópia de segurança consistente da base de dados, é necessário fazer a cópia de segurança de todos os ficheiros no mesmo estado.

As cópias de segurança consistentes das bases de dados também podem ser preparadas utilizando uma cópia de segurança a frio. Isto requer que a base de dados continue inativa durante o backup. Naturalmente, a desvantagem de uma cópia de segurança a frio é que a base de dados fica inacessível aos utilizadores durante o processo de cópia de segurança.

A cópia de segurança a quente é utilizada em situações em que não é provável que a base de dados seja encerrada. Isto é facilitado por agentes de cópia de segurança da base de dados que podem efetuar uma cópia de segurança enquanto a base de dados está ativa. O inconveniente relacionado com uma cópia de segurança a quente é que os agentes afectam normalmente o desempenho de toda a aplicação.

Um método de cópia point-in-time (PIT) é organizado em ambientes onde o impacto do tempo de inatividade de uma cópia de segurança a frio ou a apresentação resultante de uma cópia de segurança a quente é indesejável. Uma cópia PIT baseada em ponteiro é implementada numa explicação baseada em disco, através da qual é criado um LUN virtual que inclui ponteiros para os dados armazenados no LUN de produção ou na localização de gravação.

Para garantir a consistência, não é adequado efetuar cópias de segurança apenas dos dados de produção para recuperação. Também é necessário fazer cópias de segurança dos atributos e propriedades definidos emocionalmente envolvidos num ficheiro, tais como permissões, proprietário e outros metadados. A cópia de segurança do sector de arranque e das informações de disposição de separação também é importante para uma recuperação bem sucedida.

Num ambiente de recuperação de desastres, a recuperação bare-metal (BMR) refere-se a uma cópia de segurança na qual todos os metadados, informações do sistema e configurações de aplicações são devidamente copiados para uma recuperação completa do sistema. A BMR cria o sistema base, que contém o particionamento, a disposição do sistema de ficheiros, o sistema operativo, as aplicações e todas as configurações aplicáveis.

4.8.9 PROCESSO DE CÓPIA DE SEGURANÇA

Um sistema de backup utiliza uma arquitetura cliente/servidor com um servidor de backup e vários clientes de backup. O servidor de backup lida com as operações de backup e preserva o catálogo de backup, que contém informações sobre o processo de backup e os metadados de backup. O servidor de cópia de segurança depende dos clientes de cópia de segurança para encontrar os dados para os quais se pretende efetuar a cópia de segurança. O servidor de backup aceita os metadados de backup dos clientes de backup para executar as suas acções.

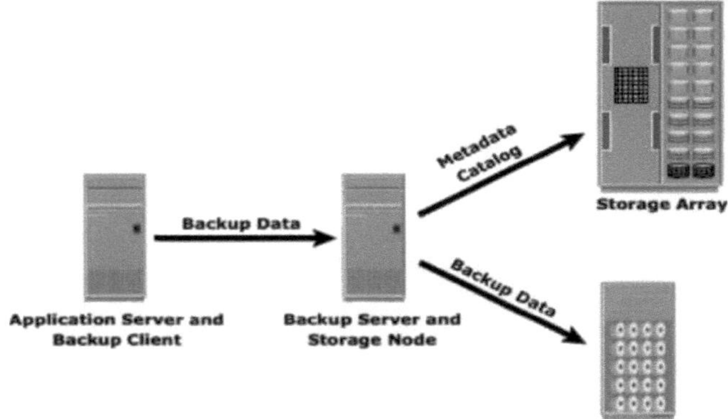

Biblioteca de fitas

Figura 4.9: Arquitetura e processo de cópia de segurança

A Figura 4-9 exemplifica o processo de backup. Algumas arquitecturas de backup referem-se ao nó de armazenamento como o servidor multimédia, uma vez que este se liga ao dispositivo de armazenamento. Os nós de armazenamento desempenham um papel importante no planeamento do backup, uma vez que podem ser utilizados para consolidar os servidores de backup.

O processo de backup baseia-se em estratégias distintas no servidor de backup, tais como a hora do dia ou a conclusão de um evento. O servidor de backup inicia então o processo enviando uma chamada para um cliente de backup. Depois de ter sido feito o backup de todos os dados, o nó de armazenamento fecha a associação ao dispositivo de backup. O servidor de backup escreve a posição de realização do backup no catálogo de metadados.

O software de cópia de segurança também fornece recursos de relatórios generalizados com base no catálogo de cópias de segurança e nos ficheiros de registo. Estes relatórios podem incluir informações como a quantidade de dados copiados, o número de cópias de segurança concluídas, o número de cópias de segurança incompletas e os tipos de erros que possam ter ocorrido.

4.8.10 OPERAÇÕES DE CÓPIA DE SEGURANÇA E DE RESTAURO

Quando um processo de backup é iniciado, ocorre uma comunicação de rede considerável entre os componentes diferentes de uma infraestrutura de backup. O servidor de backup inicia o processo de backup para clientes diferentes com base na agenda de backup configurada para eles. O servidor de backup coordena o processo de backup com todos os componentes numa configuração de backup (consulte a figura 4-10).

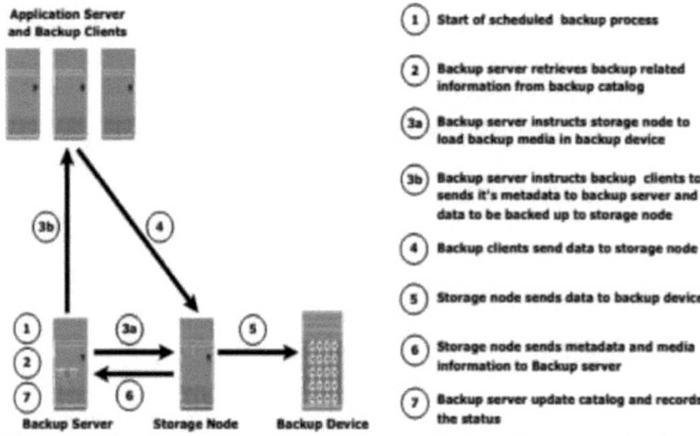

O servidor de backup recupera as informações relacionadas com o backup a partir do catálogo de backup e, com base nestas informações, inicia o nó de armazenamento para carregar o suporte de backup adequado para os dispositivos de backup. Simultaneamente, inculca os clientes de backup para iniciarem a digitalização dos dados, empacotá-los e enviá-los através da rede para o nó de armazenamento atribuído. O nó de armazenamento, por sua vez, envia metadados para o servidor de backup para o manter reorganizado acerca dos suportes de dados utilizados no processo de backup. O servidor de backup actualiza incessantemente o catálogo de backup com estas informações.

Após a cópia de segurança dos dados, estes podem ser restaurados quando necessário. Um curso de ação de restauro tem de ser fisicamente iniciado. Alguns softwares de backup têm uma aplicação de desanexação para operações de restauro.

Estas aplicações de restauro estão disponíveis apenas para os administradores. A Figura 4-11 mostra um processo de restauração.

Servidor de aplicações e clientes de backup

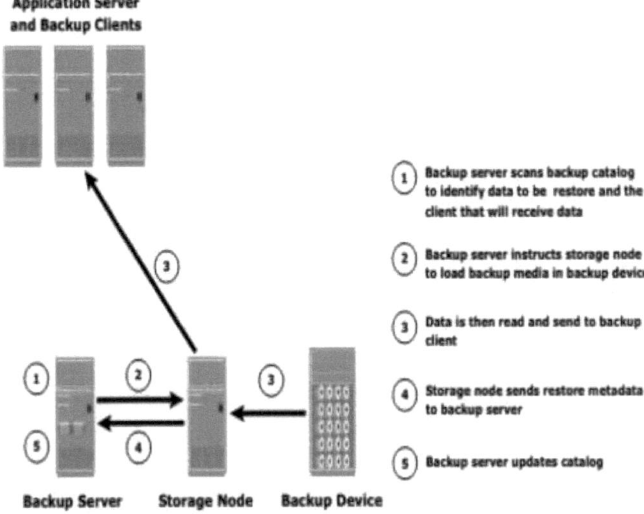

©O servidor de backup analisa o catálogo de backup para identificar os dados a serem restaurados e o cliente que receberá os dados

©O servidor de cópia de segurança dá instruções ao nó de armazenamento para carregar o suporte de cópia de segurança no dispositivo de cópia de segurança

©Os dados são então lidos e enviados para o cliente de cópia de segurança

©O nó de armazenamento envia metadados de restauro para o servidor de backup

S I O servidor de cópia de segurança actualiza o catálogo

Servidor de backup Nó de armazenamento Dispositivo de backup

Figura 4.11: Operação de restauro

Antes de receber um pedido de restauro, um administrador abre a aplicação de restauro para ver a lista de clientes dos quais foi feito o backup. Apesar de selecionar o cliente para o qual foi feito um pedido de restauro, o administrador também precisa de reconhecer o cliente que irá aceitar os dados restaurados. Os dados podem ser restaurados no mesmo cliente para o qual o pedido de restauro foi preparado ou em qualquer outro cliente.

O administrador, nesse caso, escolhe os dados a serem restaurados e o momento específico em que os dados devem ser restaurados com base no RPO. Lembre-se de que, como todas estas informações provêm do catálogo de cópias de segurança, a aplicação de restauro também tem de comunicar com o servidor de cópias de segurança.

O administrador escolhe primeiro os dados a serem restaurados e inicia o processo de restauração. O servidor de backup, com o nó de armazenamento apropriado, identifica então o media de backup que pretende montar nos dispositivos de backup. Os dados são, nesse caso, lidos e enviados para o cliente que foi reconhecido para receber os dados restaurados.

Algumas compensações são produtivamente eficientes, melhorando apenas os dados de produção solicitados. Por exemplo, o processo de recuperação de uma folha de cálculo é realizado quando o ficheiro exato é restaurado. Nas restaurações de bases de dados, devem ser restaurados dados suplementares, como ficheiros de registo e dados de fabrico. Estes asseguram a consistência da aplicação para os dados restaurados. Nestes casos, o RTO é extenso devido aos passos adicionais no processo de restauro.

4.8.11 TOPOLOGIAS DE SALVAGUARDA

São utilizadas três topologias fundamentais num ambiente de cópia de segurança: cópia de segurança de ligação direta, cópia de segurança baseada em LAN e cópia de segurança baseada em SAN. Também é utilizada uma topologia mista, unindo topologias baseadas em LAN e SAN.

Num backup de ligação direta, um dispositivo de backup é ligado diretamente ao cliente. Apenas os metadados são enviados para o servidor de backup através da LAN. Esta configuração liberta a LAN do tráfego de backup. O exemplo mostrado na Figura 4-12 representa a utilização de um dispositivo de backup que não é partilhado.

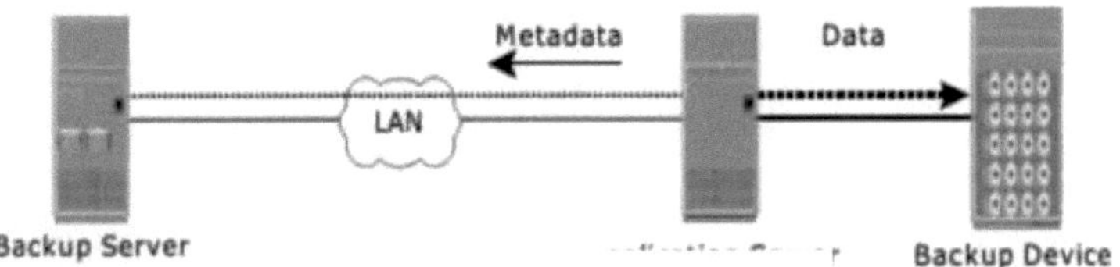

Servidor de aplicações, cliente de cópia de segurança e nó de armazenamento

Figura 4.12: Topologia de cópia de segurança de ligação direta

No backup baseado na LAN, todos os servidores estão associados à LAN e todos os dispositivos de armazenamento estão diretamente ligados ao nó de armazenamento (ver figura 4-13). Os dados para backup estão a ser transmitidos do cliente de backup (origem) para o dispositivo de backup (destino) através da LAN, o que pode influenciar o desempenho da rede. O streaming através da LAN também influencia o desempenho da rede de todos os sistemas ligados ao segmento semelhante ao do servidor de backup. Os recursos da rede são rigorosamente guardados quando vários clientes acedem e distribuem a unidade de biblioteca de fitas (TLU) idêntica. Este impacto pode ser minimizado através da aceitação de uma série de medidas, tais como a configuração de redes separadas para o backup e a instalação de nós de armazenamento dedicados para vários servidores de aplicações.

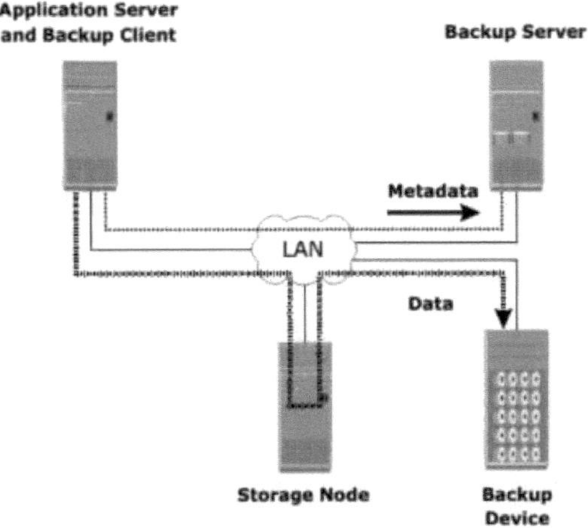

Figura 4.13: Topologia de backup baseada em LAN

O backup baseado em SAN também é identificado como o backup sem LAN. A Figura 4-14 exemplifica um backup baseado em SAN. A topologia de backup baseada em SAN é o esclarecimento mais adequado quando um dispositivo de backup precisa de ser coletivo com os clientes. Neste caso, o dispositivo de backup e os clientes estão ligados à SAN.

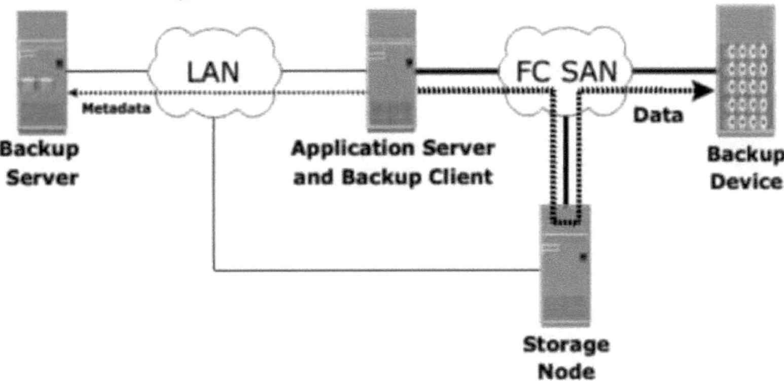

Figura 4.14: Topologia de backup baseada em SAN

Neste caso, os clientes lêem os dados a partir dos servidores de correio na SAN e escrevem no dispositivo de cópia de segurança ligado à SAN. A transferência de dados de cópia de segurança está limitada à SAN e os metadados de cópia de segurança são relacionados através da LAN. No entanto, o volume de metadados não é importante quando comparado com os dados de produção. O desempenho da LAN não é prejudicado nesta configuração.

O aparecimento de discos de baixo custo como meio de cópia de segurança permitiu que as matrizes de discos fossem ligadas à SAN e utilizadas como dispositivos de cópia de segurança. Pode ser produzida uma cópia de segurança em fita destas cópias de segurança de dados nos discos e enviada para fora do local para recuperação de desastres e manutenção a longo prazo.

A topologia mista usa mutuamente as topologias baseadas em LAN e SAN, como mostra a Figura 4-15. Essa topologia pode ser implementada por vários motivos, incluindo custo, localização do servidor, diminuição da sobrecarga administrativa e deliberações de desempenho.

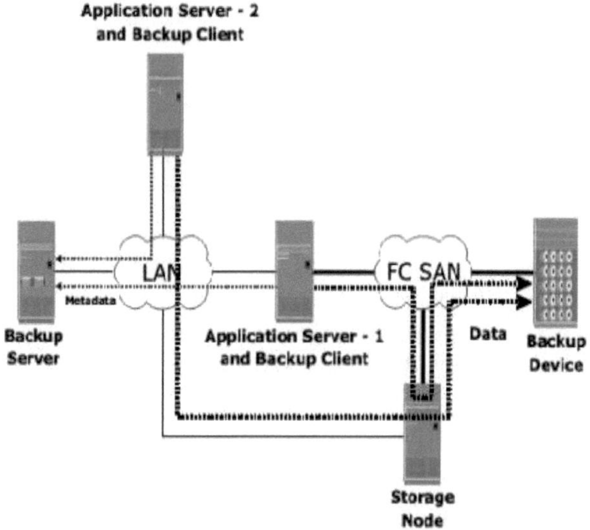

Figura 4.15: Topologia de backup mista

4.8.12 CÓPIA DE SEGURANÇA SEM SERVIDOR

O backup sem servidor é uma técnica de backup sem LAN que não ocupa um servidor de backup para copiar dados. A cópia pode ser formada por um controlador ligado à rede, desenvolvendo uma cópia não mitigada SCSI ou uma aplicação contida na SAN. Estas cópias de segurança são designadas por serverless (sem servidor), uma vez que utilizam os recursos da SAN em alternativa aos recursos do anfitrião para transportar os dados de cópia de segurança desde a sua origem até ao dispositivo de cópia de segurança, reduzindo o impacto no servidor de aplicações.

Uma técnica diferente amplamente utilizada para efetuar cópias de segurança sem servidor consiste em influenciar as tecnologias de replicação local e remota. Neste caso, é simulada uma cópia fiável dos dados de produção na matriz idêntica ou na matriz remota, que pode ser enviada para o dispositivo de cópia de segurança durante a utilização de um nó de armazenamento.

4.8.13 BACKUP EM AMBIENTES NAS

A utilização de cabeças NAS impõe um novo conjunto de preocupações sobre a política de backup e recuperação em ambientes NAS. As cabeças NAS utilizam um sistema operativo proprietário e uma estrutura de sistema de ficheiros que suporta vários protocolos de partilha de ficheiros.

Na configuração do NAS, as cópias de segurança podem ser implementadas de quatro formas diferentes: com base no servidor, sem servidor ou através do Protocolo de Gestão de Dados em Rede (NDMP) em NDMP de 2 vias ou NDMP de 3 vias.

No backup baseado no servidor de aplicações, a cabeça do NAS recupera os dados do armazenamento através da rede e transfere-os consecutivamente para o cliente de backup no servidor de aplicações. O cliente de backup envia estes dados para um nó de armazenamento que, por sua vez, escreve os dados no dispositivo de backup. Isto resulta no congestionamento da rede com os dados de backup e na utilização de recursos do servidor de produção (aplicação) para passar os dados de backup. A Figura 4-16 demonstra o backup baseado no servidor num ambiente NAS.

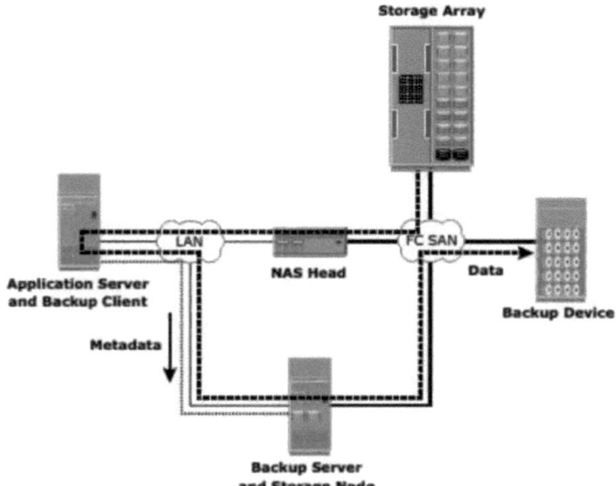

Figura 4.16: Backup baseado no servidor em ambiente NAS

No backup sem servidor, a partilha de rede é montada diretamente no nó de armazenamento. Isto evita a sobrecarga da rede durante o processo de backup e elimina a necessidade de utilizar recursos no servidor de produção. A Figura 4-17 mostra o backup sem servidor no ambiente NAS. Nesta situação, o nó de armazenamento, que também é um cliente de backup, lê os dados da cabeça do NAS e grava-os no dispositivo de backup, sem relacionar o servidor de aplicações. Em contraste com a solução anterior, esta solução elimina um salto de rede.

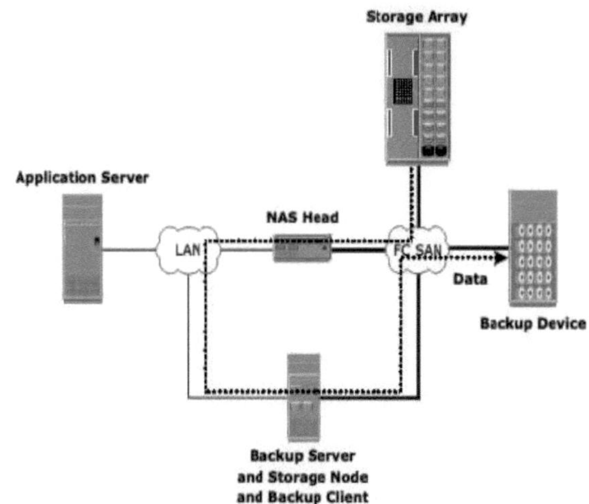

Figura 4.17: Backup sem servidor em ambiente NAS

4.8.14 PROTOCOLO DE GESTÃO DE DADOS DE REDE (NDMP)

No NDMP, os dados de backup são enviados diretamente da cabeça do NAS para o dispositivo de backup, enquanto os metadados são enviados para o servidor de backup. A Figura 4-18 demonstra o backup no ambiente NAS através de NDMP de 2 vias. Neste modelo, o tráfego de rede é reduzido através da separação do movimento de dados que inicia a cabeça do NAS para a biblioteca de fitas ligada localmente. Apenas os metadados são elacionados na rede. Esta solução de backup satisfaz o requisito premeditado de gerir e controlar centralmente os dados distribuídos, minimizando o tráfego de rede.

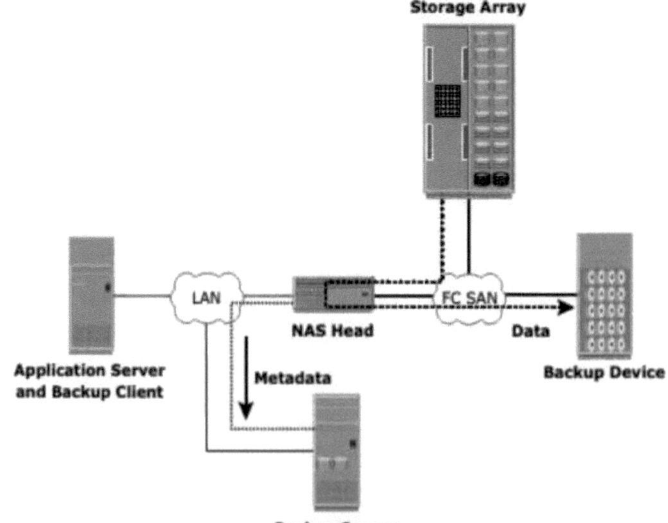

Figura 4.18: NDMP bidirecional em ambiente NAS

Num sistema de ficheiros de 3 vias NDMP, os dados não são transferidos através da rede pública. Uma rede de backup privada distinta tem de ser bem conhecida entre todas as cabeças NAS e a cabeça NAS de "backup" para evitar qualquer transferência de dados na rede pública, de modo a evitar qualquer congestionamento ou operações de produção problemáticas. Os metadados e os dados de controlo NDMP são transferidos de forma imóvel através da rede pública. A Figura 4-19 mostra o backup NDMP de 3 vias.

O NDMP 3-way é útil quando tem dispositivos de backup inadequados no ambiente. Facilita a cabeça NAS para gerir o dispositivo de backup e partilhá-lo através de outras cabeças NAS ao receber dados de backup durante o NDMP.

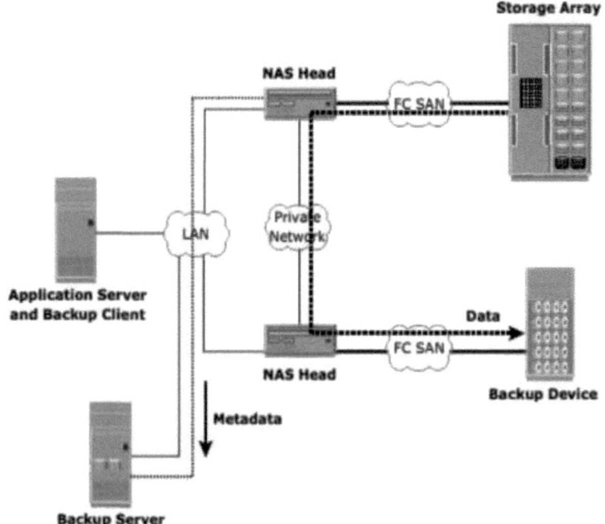

Figura 4.19: NDMP 3-way em ambiente NAS

4.8.15 TECNOLOGIAS DE SALVAGUARDA

Atualmente, é apresentada uma vasta gama de soluções tecnológicas para cópias de segurança. As fitas e os discos são os dois suportes de cópia de segurança mais frequentemente utilizados. A tecnologia de fitas desenvolveu-se para se adaptar às necessidades das empresas, enquanto o backup em disco está a surgir como uma alternativa possível graças à disponibilidade de discos de baixo custo. As bibliotecas de fitas virtuais utilizam discos como suporte de cópia de segurança, imitando as fitas, proporcionando melhores capacidades de cópia de segurança e recuperação.

4.8.15.1 CÓPIA DE SEGURANÇA EM FITA

As fitas, uma tecnologia de baixo custo, são amplamente utilizadas para cópias de segurança. As unidades de fita podem ser utilizadas para ler/escrever dados de/para um cartucho de fita. As unidades de fita são designadas por dispositivos de acesso sequencial ou linear, porque os dados são escritos ou lidos sequencialmente.

A montagem da fita é o procedimento de inserção de um cartucho de fita interessado numa unidade de fita. A unidade de fita possui controlos motorizados para movimentar a fita magnética, permitindo que a cabeça leia ou escreva dados. São apresentados vários tipos de cartuchos de fita. Estes diferem em termos de tamanho, capacidade, forma, número de bobinas, densidade, comprimento da fita, espessura da fita, pistas da fita e velocidade sustentada. Atualmente, um cartucho de fita é constituído por uma fita magnética com uma ou duas bobinas num invólucro de plástico.

Nas anteriores tecnologias de unidades de fita era utilizada uma técnica de gravação linear. Esta técnica de gravação consistia na escrita de dados por várias cabeças em pistas paralelas, abrangendo toda a fita. Algumas unidades de fita utilizavam um método de varrimento helicoidal, que gravava os dados na diagonal. As unidades de fita contemporâneas utilizam uma técnica de varrimento linear, que utiliza mais pistas e menos cabeças de fita. Os dados são escritos de forma semelhante à técnica linear, exceto que, quando a fita termina, as cabeças são deslocadas e os dados continuam a ser escritos para trás.

4.8.15.2 BIBLIOTECA DE FITAS FÍSICA

A biblioteca de fitas física oferece alojamento e alimentação para várias unidades de fita e cartuchos de fita, juntamente com um braço robótico ou sistema de seleção. O software de backup possui inteligência para lidar com o braço robótico e com o processo completo de backup. A Figura 420 explica uma biblioteca de fitas física.

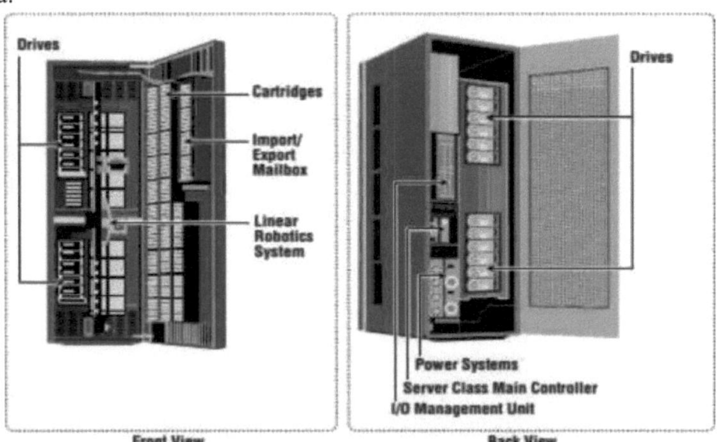

Figura 4.20: Biblioteca de fitas física

As unidades de fita lêem e escrevem dados de e para uma fita. Os cartuchos de fita são posicionados nas ranhuras quando não estão a ser utilizados por uma unidade de fita. São utilizados braços robóticos para deslocar as fitas pela biblioteca, por exemplo, para deslocar uma unidade de fita numa ranhura. Outro tipo de ranhura, denominado ranhura de correio ou de importação/exportação, é utilizado para adicionar ou remover fitas da biblioteca sem abrir as portas de acesso (consulte a Figura 4-20 Vista frontal), uma vez que a abertura das portas de acesso faz com que a biblioteca fique offline. Além disso, cada componente físico de uma biblioteca de fitas tem um endereço de elemento individual, de modo a ser utilizado como um mecanismo de endereçamento para deslocar as fitas pela biblioteca. Quando um processo de backup é iniciado, o braço robótico recebe instruções para carregar uma fita numa unidade de fita. Este processo aumenta o impedimento até certo ponto, dependendo do tipo de hardware utilizado, mas normalmente demora 5 a 10 segundos a montar uma fita.

O streaming da unidade de fita ou streaming múltiplo grava dados de vários fluxos numa única fita para manter a unidade ativa. Como se pode ver na Figura 4-21, o streaming múltiplo faz progredir o desempenho dos media.

Dados da corrente 1 Dados f$_{rom}$

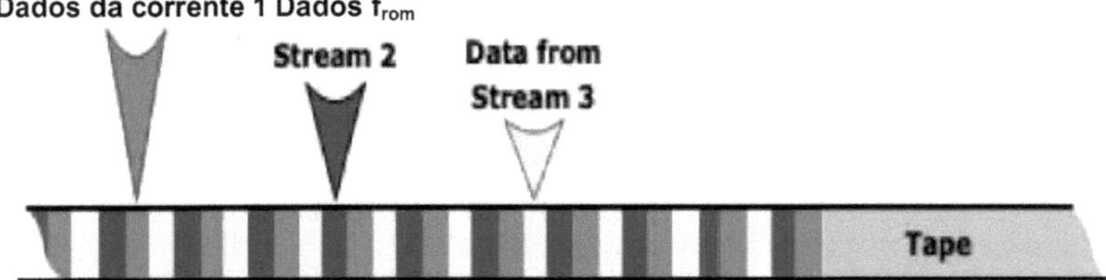

Figura 4.21: Fluxos múltiplos em suportes de fita

Quando um restauro está a começar, o software de backup classifica as fitas necessárias. O braço robótico é iniciado para mover a fita da respectiva ranhura para uma unidade de fita. Se a fita essencial não estiver configurada na biblioteca de fitas, o software de backup exibe uma mensagem, instruindo o operador a colocar fisicamente a fita necessária na biblioteca de fitas. Quando um ficheiro ou um grupo de ficheiros necessita de ser restaurado, a fita tem de se deslocar sequencialmente para o início dos dados antes de poder iniciar a leitura. Este processo pode demorar um tempo considerável, especialmente se os ficheiros obrigatórios estiverem gravados no fim da fita.

Limitações da fita

As fitas são utilizadas principalmente para o armazenamento externo a longo prazo devido ao seu baixo custo. As fitas têm de ser armazenadas em locais com um ambiente proibido para garantir a proteção do suporte e evitar a corrupção dos dados. O acesso aos dados numa fita é sequencial, o que pode atrasar as operações de cópia de segurança e recuperação. O transporte físico das fitas para locais externos também aumenta a transparência da gestão.

4.8.15.3 CÓPIA DE SEGURANÇA PARA O DISCO

Atualmente, os discos substituíram as cassetes como principal dispositivo de armazenamento de dados de cópia de segurança devido à sua compensação de desempenho. Os sistemas de cópia de segurança em disco oferecem facilidade de implementação, custos concentrados e melhor qualidade de serviço. Para além dos benefícios de desempenho em termos de taxas de transferência de dados, os discos também apresentam uma recuperação mais rápida quando comparados com as fitas. O backup em sistemas de armazenamento em disco oferece vantagens óbvias, devido às suas capacidades intrínsecas de acesso aleatório e proteção RAID. Na maioria dos ambientes de backup, o backup para o disco é utilizado como uma área de execução, sempre que os dados são copiados provisoriamente antes de serem transferidos ou preparados para fitas mais tarde. Isto melhora o desempenho do backup. Alguns produtos de backup permitem que as imagens de backup permaneçam no disco por um período de tempo, mesmo depois de terem sido preparadas. Isto permite um restauro muito mais rápido.

Biblioteca de fitas virtuais

As bibliotecas de fitas virtuais (VTL) têm os componentes idênticos aos de uma biblioteca de fitas físicas, à exceção do facto de a maioria dos componentes estar acessível como recursos virtuais. Para o software de backup, não existe qualquer distinção entre uma biblioteca de fitas física e uma biblioteca de fitas virtual. A Figura 4-22 explica uma biblioteca de fitas virtual.

As bibliotecas de fitas virtuais utilizam discos como meios de cópia de segurança. O software de emulação tem uma base de dados com um inventário de fitas virtuais, e a cada fita virtual é atribuída uma parte de um LUN no disco.

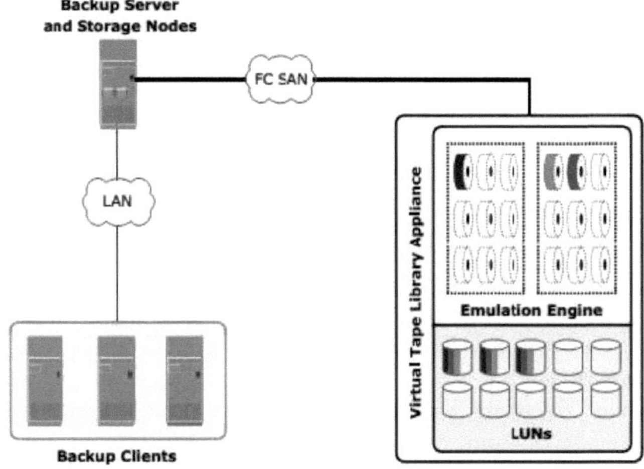

Figura 4.22: Biblioteca de fitas virtual

As aplicações de bibliotecas de fitas virtuais apresentam uma série de funcionalidades que não estão acessíveis com bibliotecas de fitas físicas. Algumas bibliotecas de fitas virtuais sugerem vários mecanismos de emulação configurados numa configuração de cluster ativo. Um motor é um servidor dedicado com um sistema operativo personalizado que faz com que os discos físicos na VTL sejam apresentados como fitas à aplicação de backup.

O quadro mostra um contraste entre diferentes opções de tecnologia de cópia de segurança.

FEATURES	TAPE	DISK-AWARE BACKUP-TO-DISK	VIRTUAL TAPE
Offsite Capabilities	Yes	No	Yes
Reliability	No inherent protection methods	Yes	Yes
Performance	Subject to mechanical operations, load times	Faster single stream	Faster single stream
Use	Backup only	Multiple (backup/production)	Backup only

4.9 REPLICAÇÃO LOCAL

A replicação é a progressão da criação de uma cópia exacta dos dados. A criação de uma ou mais réplicas dos dados de produção é uma das condutas para oferecer continuidade de negócio (BC). Estas réplicas podem ser utilizadas para operações de recuperação e reinício em caso de perda de dados. O principal objetivo da replicação é permitir que os utilizadores tenham os dados escolhidos no local certo, num estado adequado para a recuperação necessária. A réplica deve oferecer capacidade de recuperação e de reinício. A capacidade de recuperação permite o restauro dos dados que começam nas réplicas para os volumes de produção em caso de perda ou corrupção de dados. Deve oferecer um RPO e um RTO mínimos para retomar as operações comerciais nos volumes de produção, enquanto a capacidade de reinício deve garantir a uniformidade dos dados na réplica. Isto permite reiniciar as operações comerciais através das réplicas.

A replicação pode ser categorizada em dois tipos principais: local e remota. A replicação local refere-se à replicação de dados contidos na matriz equivalente ou no centro de dados equivalente.

4.9.1 ORIGEM E DESTINO

Um anfitrião que acede aos dados a partir de um ou mais LUNs na matriz de armazenamento é designado por anfitrião de produção e estes LUNs são identificados como LUNs de origem (dispositivos/volumes), LUNs de produção ou apenas a origem. Um LUN (ou LUNs) no qual os dados são replicados é designado por LUN de destino ou apenas destino ou réplica. Os destinos também podem ser acedidos por anfitriões além dos anfitriões de produção para realizar operações como backup ou testes. Os dados de destino podem ser racionalizados pelos hosts que os acessam sem alterar a origem.

4.9.2 UTILIZAÇÕES DAS RÉPLICAS LOCAIS

- Fonte variada de apoio.
- Recuperação rápida.
- Acções de apoio à decisão, como a elaboração de relatórios.
- Política de testes.
- Migração de dados.

4.9.3 COERÊNCIA DOS DADOS

Quase todos os sistemas de arquivos e bancos de dados armazenam dados no host antes de serem gravados no disco. Uma réplica constante assegura que os dados armazenados em buffer no anfitrião são corretamente capturados no disco quando a réplica é formada. Assegurar a consistência é o principal requisito para todas as tecnologias de replicação, que são de dois tipos.

* Consistência de um sistema de ficheiros replicado.
* Consistência de uma base de dados replicada.

4.9.4 TECNOLOGIAS DE REPLICAÇÃO LOCAL

As replicações baseadas no anfitrião e no armazenamento são as duas principais tecnologias aceites para a replicação local. A replicação do sistema de ficheiros com replicação baseada em LVM são exemplos de tecnologia de replicação local baseada no anfitrião. A replicação baseada em matrizes de armazenamento pode ser utilizada com diferentes soluções, nomeadamente, espelhamento de volume completo, replicação de volume completo baseada em ponteiro e replicação virtual baseada em ponteiro.

4.9.4.1 REPLICAÇÃO LOCAL BASEADA NO ANFITRIÃO

Na replicação baseada no anfitrião, os gestores de volumes lógicos (LVMs) ou então os sistemas de ficheiros executam o processo de replicação local. A replicação baseada em LVM com instantâneos do sistema de ficheiros (FS) é um exemplo de replicação local baseada no anfitrião.

Replicação baseada em LVM

Na replicação baseada em LVM, o gestor de volumes lógicos é responsável pela criação e controlo do volume lógico ao nível do anfitrião. Um LVM tem três mecanismos: volumes físicos (disco físico), grupos de volumes e volumes lógicos. Um grupo de volumes é criado pelo agrupamento simultâneo de um ou mais volumes físicos. Os volumes lógicos são produzidos dentro de um determinado grupo de volumes. Um grupo de volumes pode conter vários volumes lógicos. Na replicação baseada em LVM, cada partição lógica num volume lógico é mapeada para duas partições físicas em dois volumes físicos diferentes, como mostra a Figura 4-23. Uma função de escrita numa partição lógica é escrita nas duas partições físicas pelo controlador de dispositivo LVM. Isto também é conhecido como espelhamento LVM. Os espelhos podem ser divididos e os dados neles controlados podem ser acedidos separadamente. Os espelhos LVM podem ser adicionados ou removidos vigorosamente.

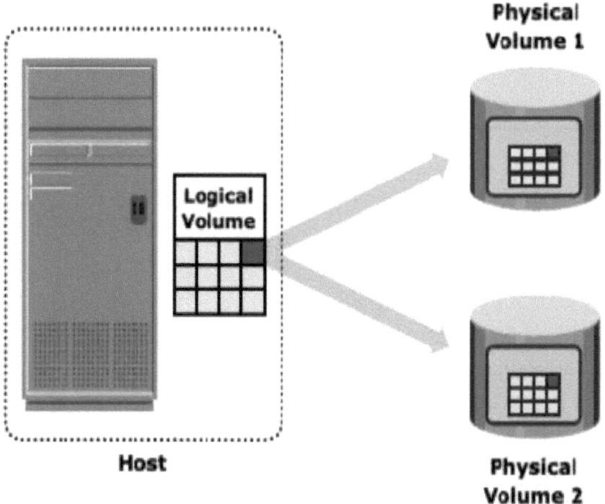

Figura 4.23: Espelhamento baseado em LVM

Instantâneo do sistema de ficheiros

O instantâneo do sistema de ficheiros (FS) é uma réplica baseada em ponteiros que requer uma parte do espaço utilizado pelo FS inventivo. Este instantâneo pode ser implementado também pelo próprio FS ou pelo LVM. Utiliza o princípio de cópia na primeira escrita (CoFW). Quando o instantâneo é criado, um mapa de bits e um mapa de blocos são formados nos metadados do FS instantâneo. O mapa de bits é utilizado para manter o registo dos blocos que são distorcidos no FS de produção após a formação do snap. O mapa de blocos é utilizado para especificar o endereço exato a partir do qual os dados devem ser lidos quando são acedidos a partir do FS de instantâneo. Imediatamente após a criação do snapshot, todas as leituras do snapshot serão realmente servidas pela leitura do FS de produção. Para ler a partir do Snap FS, o mapa de bits é verificado com. Se o bit for 0, então a leitura é direccionada para o FS de produção. Se o bit for 1, então o endereço do bloco é obtido a partir do mapa de blocos e os dados são lidos a partir desse endereço. As leituras do FS de produção funcionam como de costume.

4.9.4.2 REPLICAÇÃO BASEADA EM MATRIZ DE ARMAZENAMENTO

Na replicação local baseada na matriz de armazenamento, o ambiente operativo da matriz executa o processo de replicação local. Os recursos do anfitrião, como a CPU e a memória, não são utilizados no processo de replicação. Por conseguinte, o anfitrião não é carregado pelas operações de replicação. A réplica pode ser acedida por qualquer outro anfitrião para quaisquer operações comerciais. Nesta replicação, o número essencial de dispositivos de réplica deve ser selecionado na matriz equivalente e, em seguida, os dados são replicados entre os pares fonte-replica. Uma base de dados pode estar disposta em vários volumes físicos e, nesse caso, todos os dispositivos têm de ser replicados para obter uma cópia PIT fiável da base de dados (ver figura 4-23).

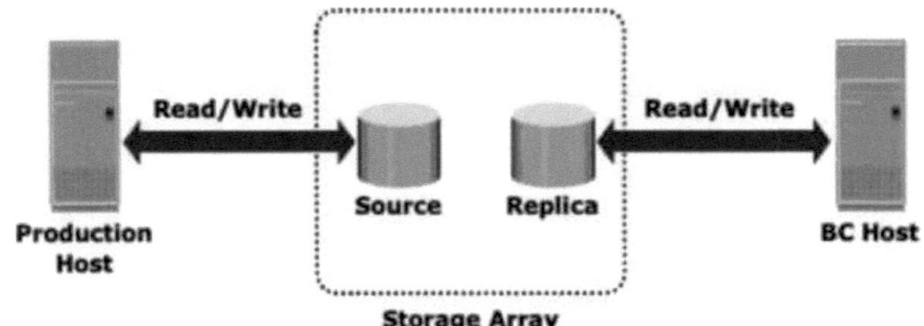

Figura 4.24: Replicação baseada em matriz de armazenamento

4.10   REPLICAÇÃO REMOTA

A replicação remota é o procedimento de criação de réplicas de activos de informação em sítios (localizações) remotos. As réplicas remotas ajudam as organizações a reduzir os riscos relacionados com interrupções regionais resultantes de catástrofes naturais ou provocadas pelo homem. Tal como as réplicas locais, também podem ser utilizadas para outras operações comerciais.

A infraestrutura na qual os activos de informação são armazenados no sítio principal é designada por fonte. A infraestrutura na qual a réplica é armazenada no sítio remoto é designada por destino. Os anfitriões que acedem à fonte ou ao destino são designados por anfitriões de origem ou anfitriões de destino, respetivamente.

4.10.1 MODOS DE REPLICAÇÃO REMOTA

Os dois modos essenciais de replicação remota são síncrono e assíncrono. Na replicação remota síncrona, as escritas têm de ser dedicadas à origem e ao destino, antes de reconhecer "escrita completa" para o anfitrião (ver Figura 4-25). As gravações adicionais na origem não podem ocorrer até que cada gravação anterior tenha sido concluída e aceite. Isso garante que os dados sejam indistinguíveis na origem e na réplica em todos os momentos.

No entanto, o tempo de resposta da aplicação é aumentado com várias replicações remotas síncronas. O grau de impacto no tempo de resposta depende da distância entre os sítios, da largura de banda oferecida e da infraestrutura de conetividade da rede. As distâncias para além das quais a replicação síncrona pode ser implementada dependem da capacidade da aplicação para aceitar o aumento do tempo de resposta. Caracteristicamente, é implementada para distâncias inferiores a 200 KM (125 milhas) entre os dois sítios.

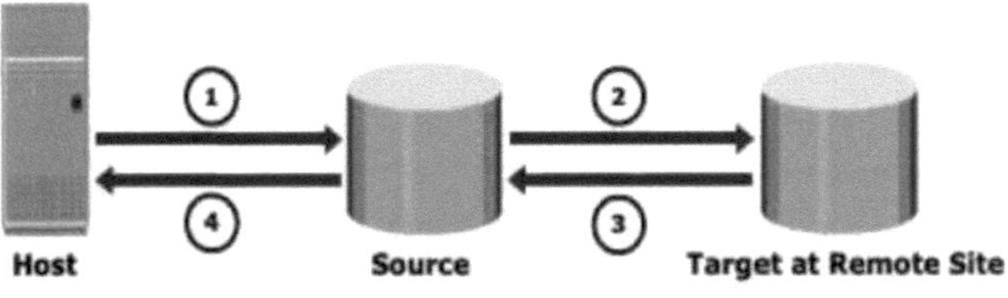

Figura 4.25: Replicação síncrona

Na replicação remota assíncrona, uma gravação é dedicada à origem e aprovada instantaneamente para o host. Os dados são armazenados em buffer na origem e transmitidos para o local remoto mais tarde (ver Figura 4-26). Isso elimina o impacto no tempo de resposta da aplicação. Os dados no sítio remoto seguirão a fonte pelo menos o tamanho do buffer. Não há impacto no tempo de resposta da aplicação, pois as gravações são aprovadas instantaneamente para o host de origem. Isto permite a exploração da replicação assíncrona para além de grandes distâncias. A replicação remota assíncrona pode ser implementada em distâncias que variam de algumas centenas a vários milhares de quilómetros entre dois locais.

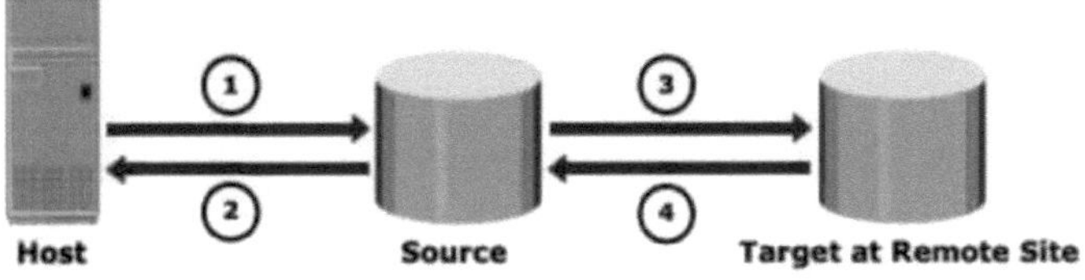

Figura 4.26: Replicação assíncrona

4.10.2 TECNOLOGIAS DE REPLICAÇÃO REMOTA

A replicação remota de dados pode ser efectuada pelos anfitriões ou pelas matrizes de armazenamento. Outras opções incluem aparelhos dedicados para replicar dados através da LAN ou da SAN, bem como a replicação entre matrizes de armazenamento através da SAN.

4.10.2.1 REPLICAÇÃO REMOTA BASEADA NO ANFITRIÃO

A replicação remota baseada no anfitrião utiliza um ou mais mecanismos do anfitrião para executar e lidar com a operação de replicação. Existem duas abordagens fundamentais para a replicação remota baseada em host: A replicação baseada em LVM e a replicação de bases de dados através do envio de registos.

Replicação remota baseada em LVM

A replicação baseada em LVM é efectuada e tratada ao nível do grupo de volumes. As gravações nos volumes de origem são transmitidas para o anfitrião remoto pelo LVM. O LVM no anfitrião remoto recebe as gravações e transfere-as para o grupo de volumes remoto.

Antes do início da replicação, os mesmos grupos de volumes, volumes lógicos e sistemas de ficheiros são formados nos locais de origem e destino. A sincronização preliminar dos dados entre a origem e a réplica pode ser efectuada de várias formas. Um método é fazer o backup dos dados de origem para fita e restaurar os dados para a réplica remota. Caso contrário, pode ser efectuada através da replicação na rede IP. Em antecipação à conclusão da sincronização inicial, o trabalho de produção nos volumes de origem é normalmente interrompido. Após a sincronização inicial, o trabalho de produção pode estar em curso nos volumes de origem e a replicação de dados pode ser efectuada através de uma rede IP padrão existente (consulte a Figura 4-27).

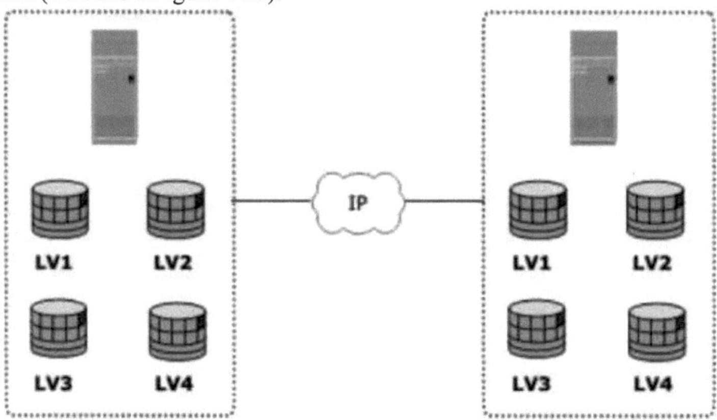

Figura 4.27: Replicação remota baseada em LVM

A replicação remota baseada em LVM suporta os modos síncrono e assíncrono de transferência de dados. No modo assíncrono, as gravações são colocadas em fila de espera num ficheiro de registo na fonte e enviadas para o anfitrião remoto pela ordem em que foram recebidas. A replicação remota baseada em LVM reduz a necessidade de uma infraestrutura SAN dedicada. A replicação remota baseada em LVM é autónoma em relação às matrizes de armazenamento e aos tipos de discos nos locais de origem e remotos. Os principais sistemas operativos são fornecidos com LVMs, pelo que não são normalmente necessárias licenças adicionais e hardware dedicado.

O processo de replicação adiciona transparência nas CPUs do hospedeiro. Os recursos da CPU no anfitrião de origem são partilhados entre as tarefas de replicação e as aplicações, o que pode causar problemas de desempenho na aplicação. Como o host remoto também está envolvido no processo de replicação, ele precisa estar constantemente ativo e disponível. A replicação remota baseada em LVM não é bem dimensionada, principalmente no caso de aplicações com bases de dados federadas.

Envio de registos com base no anfitrião

A replicação de banco de dados usando o envio de logs é uma tecnologia de replicação baseada em host utilizada pela maioria dos bancos de dados. As transacções para a base de dados de origem são confinadas em registos, que são ocasionalmente transmitidos pelo anfitrião de origem para o anfitrião remoto (ver Figura 4-28). O host remoto recebe os logs e os apropria para o banco de dados remoto.

Antes de iniciar o trabalho de produção e a replicação dos ficheiros de registo, todos os componentes adequados da base de dados de origem são replicados para o local remoto. Isto é preparado mesmo quando a base de dados de origem é encerrada. A base de dados remota está em curso num modo de reserva. Normalmente, no modo de reserva, a base de dados não está acessível para transacções. Várias implementações permitem leituras e escritas a partir da base de dados em espera. Todos os SGBD mudam os ficheiros de registo em intervalos de tempo pré-configurados, ou quando um ficheiro de registo está cheio. O ficheiro de registo atual é encerrado no momento da mudança de registo e é aberto um novo ficheiro de registo. Quando ocorre uma mudança de registo, o registo fechado é transmitido pelo anfitrião de origem para o anfitrião remoto. O anfitrião remoto recebe o registo e informa a base de dados em espera. Este processo garante que a base de dados em espera é fiável até ao último registo confirmado.

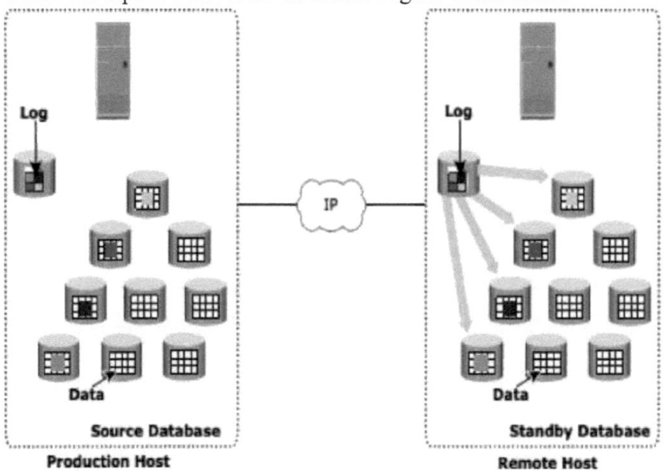

Figura 4.28: Envio de registos com base no anfitrião

4.10.2.2 REPLICAÇÃO REMOTA BASEADA EM MATRIZ DE ARMAZENAMENTO

Na replicação remota baseada na matriz de armazenamento, a configuração e os recursos operacionais da matriz executam e tratam da replicação de dados. Isto alivia a carga nas CPUs do anfitrião, que podem ser utilizadas de forma mais eficaz para executar uma aplicação. Uma fonte e o seu dispositivo de réplica existem em diversas matrizes de armazenamento. Noutras implementações, o controlador de armazenamento é utilizado tanto para o anfitrião como para a carga de trabalho de replicação. Os dados podem ser transmitidos na ou após a matriz de armazenamento de origem para a matriz de armazenamento de destino através de uma rede partilhada ou dedicada.

A replicação entre matrizes pode ser efectuada nos modos síncrono, assíncrono ou com memória intermédia de disco. A replicação remota em três locais pode ser implementada através de uma mistura de modo síncrono e assíncrono, bem como de uma mistura de modo síncrono e modo com memória intermédia de disco.

Modo de replicação síncrona

Na replicação remota síncrona com base em matrizes, as escritas têm de ser dedicadas à origem e o destino precede a permissão de "escrita completa" para o anfitrião. As gravações adicionais nessa origem não podem ocorrer antes de cada gravação anterior ter sido efectuada e acreditada. O processo de replicação síncrona baseada em matriz é revelado na Figura 4-29.

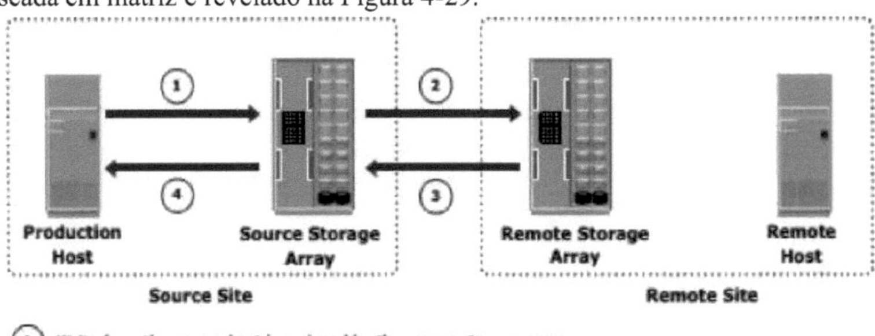

Figura 4.29: Replicação remota síncrona baseada em matriz

No caso da replicação síncrona, para otimizar o processo de replicação e reduzir o impacto no tempo de resposta da aplicação, a escrita está localizada na cache das duas matrizes. As matrizes de armazenamento inteligentes sabem como desempilhar estas escritas para os discos adequados mais tarde. Para a replicação remota síncrona, a largura de banda da rede equivalente ou superior à carga de trabalho máxima de escrita entre os dois locais tem de ser garantida a todo o momento.

Modo de Replicação Assíncrona

No modo de replicação remota assíncrona baseada em matriz, apresentado na Figura 4-30, uma escrita é dedicada à origem e reconhecida diretamente no anfitrião. Os dados são

armazenados em buffer na fonte e transmitidos posteriormente para o local remoto. Os dispositivos de origem e de destino não contêm os mesmos dados em todos os momentos. Os dados no dispositivo de destino seguem os da fonte. Em comparação com a replicação síncrona, as gravações de replicação assíncrona estão localizadas na cache das duas matrizes e são posteriormente desempilhadas para os discos apropriados.

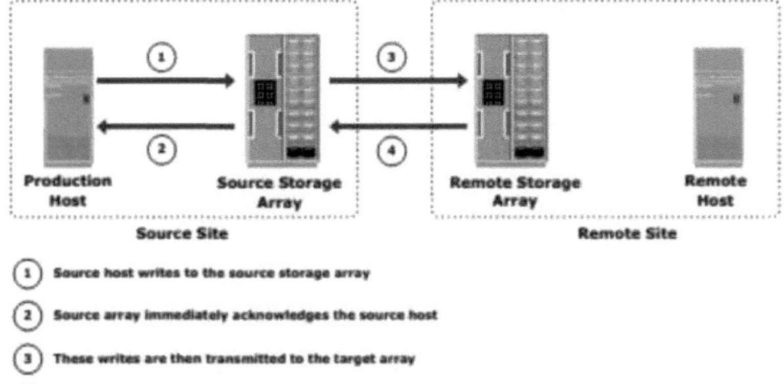

Figura 4.30: Replicação remota assíncrona baseada em matriz

A replicação remota assíncrona oferece economia de custos de largura de banda de rede, pois é necessária apenas uma largura de banda igual ou superior à carga de trabalho média de gravação. Nos momentos em que a carga de trabalho de gravação excede a largura de banda média, é necessário configurar espaço em buffer suficiente na matriz de armazenamento de origem para aproveitar essas gravações.

Modo de replicação com buffer de disco

A replicação com buffer de disco é uma mistura de tecnologias de replicação local e remota. Primeiro, é formada uma réplica local PIT fiável do dispositivo de origem. Esta é depois replicada para uma réplica remota na matriz de destino. A série de operações em uma replicação remota com buffer de disco é revelada na Figura 4-31.

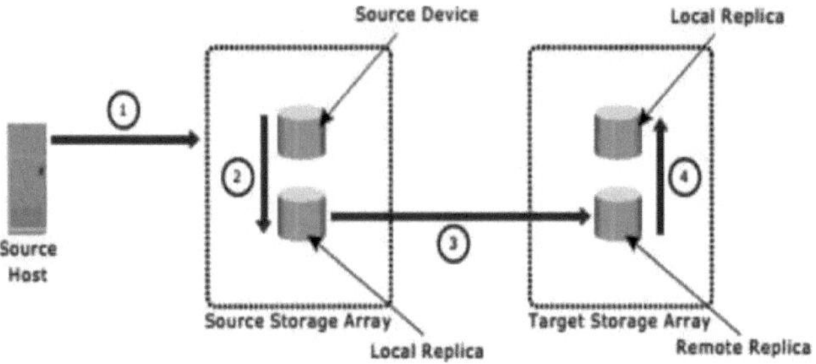

Figura 4.31: Replicação remota com buffer de disco

As tecnologias de replicação baseadas em matrizes podem seguir as modificações efectuadas nos dispositivos de origem e de destino. Por conseguinte, todas as operações de ressincronização podem ser concluídas de forma incremental.

4.10.2.3 REPLICAÇÃO REMOTA BASEADA EM SAN

A replicação remota baseada na SAN permite a replicação de dados entre várias matrizes de armazenamento. Os dados são estimulados de uma matriz para a outra através da SAN/WAN. Esta tecnologia é auto-regulável do ponto de vista da aplicação e do sistema operativo do servidor, porque as operações de replicação são realizadas por uma das matrizes de armazenamento (a matriz de controlo). Não há qualquer impacto nos servidores de produção (porque a replicação é efectuada pela matriz) ou na LAN (porque os dados são movidos através da SAN).

A replicação remota baseada em SAN é uma tecnologia de replicação pontual. As utilizações da replicação remota baseada em SAN incluem a mobilidade de dados, a guarda remota e a migração de dados. A mobilidade de dados permite a cópia incremental de vários volumes acima de distâncias alargadas, bem como a implementação de uma estratégia de armazenamento em camadas. A guarda de dados é a tarefa de armazenar um conjunto de cópias pontuais em várias matrizes remotas para proteção contra uma avaria do local de origem. A migração de dados refere-se à movimentação de dados para novas matrizes de armazenamento e à combinação de dados de várias matrizes de armazenamento variadas numa única matriz de armazenamento.

A matriz que executa as operações de replicação é designada por matriz de controlo. Os dados podem ser movidos de/para dispositivos na matriz de controlo de/para uma matriz remota. Os dispositivos da matriz de controlo que fazem parte da sessão de replicação são designados por dispositivos de controlo. Para cada dispositivo de controlo existe um item correspondente, um dispositivo remoto, na matriz remota.

Os termos "controlo" ou "remoto" não especificam o caminho do fluxo de dados, apenas especificam a matriz que está a executar a operação de replicação. O movimento de dados pode ser feito da matriz de controlo para a matriz remota ou vice-versa. O caminho do movimento de dados é inabalável pela operação de replicação.

A replicação baseada em SAN utiliza dois tipos de operações: push e pull. Estas disposições são definidas do ponto de vista da matriz de controlo. Na operação push, os dados são transmitidos da matriz de armazenamento de controlo para a matriz de armazenamento remota. Consequentemente, o dispositivo de controlo actua como a fonte, enquanto o dispositivo remoto é o destino. Os dados que necessitam de ser replicados estariam em dispositivos da matriz de controlo.

Na operação de extração, os dados são transmitidos da matriz de armazenamento remoto para a matriz de armazenamento de controlo. O dispositivo remoto é a origem e o dispositivo de controlo é o destino. Os dados que pretendem ser replicados estariam em dispositivos da matriz remota.

Quando uma operação push ou pull é iniciada, a matriz de controlo produz um mapa de bits de segurança para acompanhar o processo de replicação. As operações de empurrar/puxar podem, além disso, ser a quente ou a frio. Estes termos são relevantes apenas para os dispositivos de controlo. Numa operação a frio, o dispositivo de controlo é difícil de aceder ao anfitrião durante a replicação. As operações a frio garantem a consistência dos dados, uma vez que tanto o dispositivo de controlo como os dispositivos remotos estão offline para cada operação no anfitrião. Numa operação a quente, o dispositivo de controlo está online para as operações do anfitrião. Com as operações a quente, podem ser efectuados ajustes no dispositivo de controlo durante o push/pull, uma vez que a matriz de controlo é capaz de acompanhar todas as alterações e, por conseguinte, garantir a integridade dos dados. Quando a operação de hot push é iniciada, as aplicações podem estar a funcionar nos dispositivos de controlo. As E/S para os dispositivos de controlo são bloqueadas enquanto o mapa de bits de segurança é criado.

4.11 INFRA-ESTRUTURA DE REDE

Destinadas à reprodução remota acima de grandes distâncias, são instaladas tecnologias de rede ótica como a multiplexagem por divisão de comprimento de onda densa (DWDM), a multiplexagem por divisão de comprimento de onda grosseira (CWDM) e a rede ótica síncrona (SONET).

4.11.1 DWDM

DWDM é uma tecnologia ótica através da qual os dados de diversos canais são concedidos em comprimentos de onda diferentes através de uma ligação de fibra ótica. É um método de transmissão por fibra ótica que utiliza ondas de luz para transmitir dados em paralelo por bit ou em série por carácter. Combina várias ondas de luz com comprimentos de onda invulgares numa coleção e direcciona-as durante uma única fibra ótica.

A multiplexagem de dados de numerosos canais dependentes de um fluxo de luz multicolorido transmitido numa única fibra ótica abriu a largura de banda conservadora da fibra ótica, dividindo-a em muitos canais, cada um com um comprimento de onda ótico diferente. Cada comprimento de onda pode conter um sinal com uma taxa de bits inferior ao limite superior definido pela eletrónica, normalmente até vários gigabits por segundo. Através do DWDM, diversos formatos de dados com taxas de dados diferentes podem ser transmitidos coletivamente. Em particular, os dados IP ESCON, FC, SONET e ATM podem viajar ao mesmo tempo dentro da fibra ótica (ver Figura 4-32).

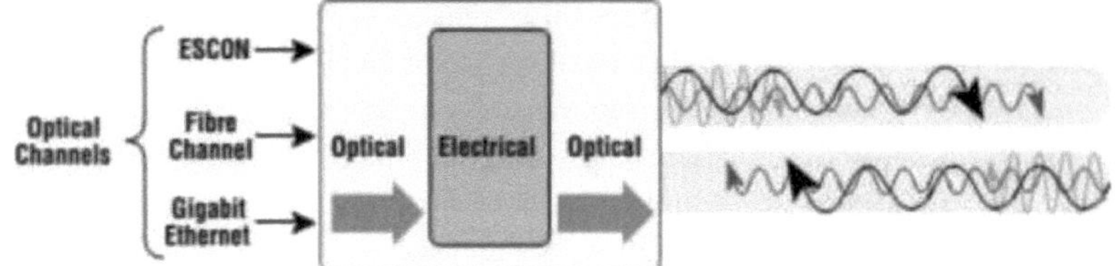

Figura 4.32: Multiplexagem por divisão de comprimentos de onda densos (DWDM)

4.11.2 SONET

A SONET (rede ótica síncrona) é uma tecnologia de rede que envolve a transferência de uma enorme carga útil através de uma fibra ótica ao longo de grandes distâncias. A SONET multiplexa fluxos de dados de velocidades invulgares num quadro e envia-os através da rede. A variação europeia da SONET é chamada de hierarquia digital síncrona (SDH). A Figura 4-33 explica a multiplexação de fluxos de dados de velocidades diferentes nas tecnologias SONET e SDH.

A SONET/SDH utiliza o procedimento de enquadramento genérico (GFP) e suporta o transporte de dados orientados para pacotes (Ethernet, IP) e orientados para caracteres (FC).

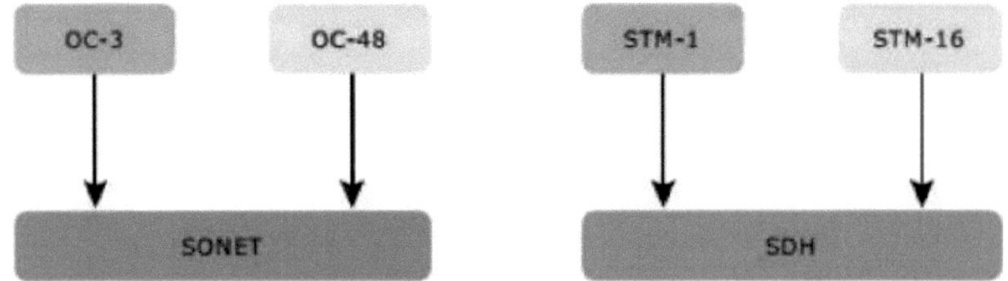

Figura 4.33: Multiplexagem de fluxos de dados em SONET e SDH

A SONET transfere dados a uma velocidade extremamente elevada (por exemplo, o OC-768 fornece uma velocidade de linha até 40 Gbps). O sinal SONET/SDH fundamental funciona a 51,84 Mbps e é selecionado como sinal de transporte síncrono de nível um (STS-1). O quadro STS-1 é a unidade essencial de transmissão em SONET/SDH. Múltiplos circuitos STS-1 podem ser cumulativos para formar ligações de maior velocidade. O STS-3 (155,52 Mb/s) corresponde ao nível SONET OC-3 e ao nível SDH STM-1.

PROTECÇÃO DO ARMAZENAMENTO E VIRTUALIZAÇÃO DO ARMAZENAMENTO

5.1 INTRODUÇÃO

A Internet é um meio oferecido a nível mundial para ligar computadores pessoais, servidores, redes e armazenamento, o que a torna cada vez mais suscetível a ataques. Informações preciosas, incluindo propriedade intelectual, identidades pessoais e transacções financeiras, são regularmente processadas e armazenadas em matrizes de armazenamento, que são contactadas através da rede. Como resultado, o armazenamento está agora mais exposto a diferentes ameaças de segurança que podem potencialmente estragar dados críticos para a empresa e interromper serviços críticos. A proteção das redes de armazenamento tornou-se uma parte essencial do processo de gestão do armazenamento. Trata-se de uma tarefa exigente e necessária para gerir e proteger informações cruciais.

5.2 QUADRO DE SEGURANÇA DO ARMAZENAMENTO

A agenda de segurança fundamental assenta nos quatro serviços de segurança mais importantes: responsabilidade, confidencialidade, integridade e disponibilidade.

• **Serviço de prestação de contas**: Refere-se à prestação de contas de todos os procedimentos e

operações que têm lugar na infraestrutura do centro de dados. O serviço de responsabilização sustenta um conjunto de acções que podem ser auditadas ou rastreadas atualmente para a função de segurança.

• **Serviço de confidencialidade**: Assegura a necessária privacidade da informação e garante que apenas os utilizadores autorizados têm acesso aos dados. Este serviço valida os utilizadores que pretendem ter direito de acesso à informação e, normalmente, abrange tanto os dados em trânsito (dados transmitidos por cabos) como os dados em repouso (dados num suporte de segurança ou nos arquivos). Estas medidas de segurança incluem normalmente a ocultação dos endereços de origem e de destino, a frequência do envio de dados e a quantidade de dados enviados.

• **Serviço de integridade**: Assegurar a impermeabilidade das informações. O objetivo do serviço é detetar e proteger contra a alteração ou eliminação ilegal de informações. À semelhança dos serviços de confidencialidade, os serviços de integridade funcionam em associação com os serviços de responsabilização para reconhecer e validar os utilizadores. Os serviços de integridade especificam medidas tanto para os dados em trânsito como para os dados em repouso.

• **Serviço de disponibilidade**: Este serviço garante que os utilizadores autorizados tenham acesso fiável e atempado aos dados. Estes serviços facilitam o acesso dos utilizadores aos sistemas informáticos necessários, aos dados e às aplicações que residem nesses sistemas. Os serviços de disponibilidade são também realizados em sistemas de comunicação utilizados para transmitir informações entre computadores que podem existir em locais diferentes. Isto garante a disponibilidade da informação em caso de avaria num determinado local. Estes serviços devem ser implementados tanto para dados electrónicos como para dados físicos.

5.3 TRÍADE DE RISCOS

A tríade do risco define o risco em termos de ameaças, activos e vulnerabilidades. O risco ocorre quando um agente de ameaça (um atacante) procura o direito de entrada nos activos através da exploração de uma vulnerabilidade acessível. Para lidar com os riscos, as organizações centram a sua atenção sobretudo nas vulnerabilidades, uma vez que não podem reduzir os agentes de ameaça que podem surgir sob diferentes formas e fontes nos seus activos. As organizações podem adotar contramedidas para diminuir o impacto de um ataque de um agente de ameaça, reduzindo assim a vulnerabilidade. A avaliação dos riscos é o primeiro passo para determinar o grau de ameaças e riscos potenciais numa infraestrutura de TI. O procedimento avalia o risco e ajuda a reconhecer os controlos adequados para moderar ou eliminar os riscos.

5.3.1 ACTIVO

A informação é um dos principais activos essenciais para qualquer organização. Os outros activos incluem hardware, software e a infraestrutura de rede necessária para aceder a esta informação. Para manter estes activos, as organizações têm de alargar um conjunto de parâmetros para garantir a acessibilidade dos recursos a utilizadores aprovados e a redes de confiança. Estes parâmetros estão relacionados com os recursos de armazenamento, a infraestrutura de rede e as políticas organizacionais.

Há uma série de factores que devem ser medidos ao planear a segurança dos activos. Os métodos de segurança têm dois objectivos. O primeiro objetivo é garantir que a rede esteja simplesmente disponível para os utilizadores oficiais. Deve também ser consistente e estável em diferentes circunstâncias ambientais e volumes de tratamento. O segundo objetivo é tornar extremamente difícil para os atacantes latentes o direito de entrada e a concessão do sistema. Estes métodos devem fornecer proteção suficiente contra o acesso ilegal a recursos, vírus, worms, cavalos de Troia e outros programas de software malicioso. Os eventos de segurança devem também encriptar dados importantes e desativar serviços inactivos para reduzir o número de prováveis falhas de segurança. O método de segurança deve certificar-se de que as actualizações do sistema operativo e de outro software são instaladas regularmente.

A eficiência de um método de segurança do armazenamento pode ser medida por dois critérios. Primeiro, o custo de implementação do sistema deve ser apenas uma pequena parte do valor dos dados protegidos. Segundo, deve custar mais a um potencial atacante, em termos de dinheiro e tempo, cooperar com o sistema do que o recurso aos dados confinados.

5.3.2 AMEAÇAS

As ameaças são os ataques prováveis que podem ser concedidos a uma infraestrutura de TI. Estes ataques podem ser classificados como activos ou passivos. Os ataques passivos tentam obter acesso não autorizado ao sistema. Provocam ameaças à confidencialidade da informação. Os ataques activos incluem a modificação de dados, a negação de serviço (DoS) e os ataques de repúdio. Provocam ameaças à integridade e à disponibilidade dos dados.

Num ataque de modificação, o utilizador não autorizado tenta alterar as informações para fins maliciosos. Um ataque de modificação pode visar dados em repouso ou dados em transferência. Estes ataques constituem uma ameaça à integridade dos dados.

Os ataques de negação de serviço (DoS) refutam a utilização de bens a utilizadores justificáveis. Estes ataques geralmente não envolvem o acesso ou a adaptação de informações no sistema informático.

O repúdio é um ataque à responsabilidade da informação. Tenta oferecer informações falsas, imitando alguém ou negando que um acontecimento ou uma operação tenha tido lugar.

5.3.3 VULNERABILIDADE

Os caminhos que dão direito de entrada à informação são os mais vulneráveis a prováveis ataques. Cada um destes caminhos pode incluir diferentes pontos de acesso, cada um dos quais dá diferentes níveis de acesso aos recursos de armazenamento. A execução de controlos de segurança em cada ponto de acesso de cada caminho de acesso é designada por proteção em profundidade.

A superfície de ataque, o vetor de ataque e o fator de trabalho são os três factores a considerar ao avaliar a cobertura a que uma situação é vulnerável às ameaças à segurança.

A superfície de ataque refere-se aos diferentes pontos de entrada que um atacante pode utilizar para iniciar um ataque. Cada parte de uma rede de armazenamento é uma fonte de possíveis vulnerabilidades. Todas as interfaces externas suportadas por esse componente, tais como as interfaces de hardware, os protocolos suportados e as interfaces de gestão e administração, podem ser utilizadas por um atacante para efetuar diferentes ataques.

Um vetor de ataque é um ritmo ou uma sequência de ritmos necessários para completar um ataque. Por exemplo, um atacante explora uma falha na interface de gestão para efetuar um ataque de snoop, através do qual o atacante pode ajustar a configuração do dispositivo de armazenamento para atribuir o tráfego a ser acedido a partir de mais um anfitrião. Este tráfego redireccionado pode ser utilizado para bisbilhotar os dados em transferência.

O fator trabalho refere-se à quantidade de tempo e esforço necessários para utilizar um vetor de ataque. Por exemplo, se os atacantes se esforçarem por recuperar informações susceptíveis, acreditam no tempo e no esforço necessários para executar um ataque a uma base de dados. Isto pode consistir em contas restritas influentes, determinar o esquema da base de dados e escrever consultas SQL.

Tendo avaliado a vulnerabilidade do ambiente de rede às ameaças à segurança, as organizações podem preparar e organizar medidas de controlo específicas destinadas a reduzir a vulnerabilidade, minimizando as superfícies de ataque e maximizando o fator de trabalho. Estes controlos podem ser técnicos ou não técnicos. Os controlos técnicos são normalmente implementados através de sistemas informáticos, enquanto os controlos não técnicos são implementados através de controlos de gestão e físicos. Os controlos administrativos incluem políticas de segurança e de pessoal ou procedimentos normalizados para expressar a execução segura de diferentes operações. Os controlos físicos incluem a criação de barreiras físicas, como guardas de segurança, vedações ou fechaduras.

Com base nas funções em que colaboram, os controlos podem ser classificados como preventivos, detectivos, correctivos, de recuperação ou de compensação. O controlo de proteção tenta impedir um ataque; o controlo de deteção detecta se um ataque está a ser aperfeiçoado; e depois de um ataque ser revelado, são implementados os controlos de correção.

5.4 DOMÍNIOS DE SEGURANÇA DE ARMAZENAMENTO

Os dispositivos de armazenamento que não estão associados a uma rede de armazenamento não são tão vulneráveis porque não estão expostos a ameaças de segurança através das redes.

Para reconhecer as ameaças que são relevantes para uma rede de armazenamento, os caminhos de acesso ao armazenamento de dados podem ser classificados em três domínios de segurança: acesso a aplicações, acesso à gestão e BURA (backup, recuperação e arquivo). A Figura 5-1 mostra os três domínios de segurança de um ambiente de sistema de armazenamento.

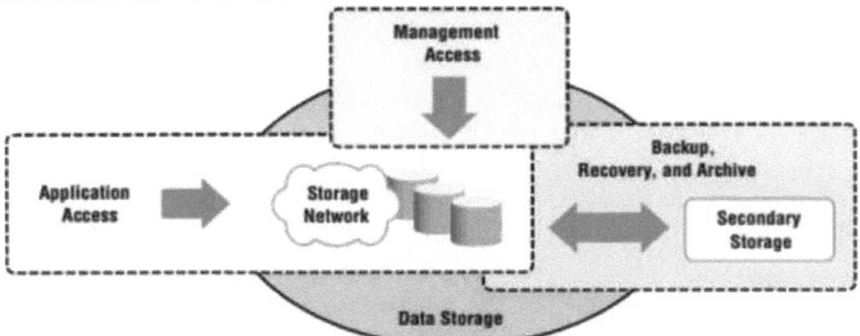

Figura 5.1: Três domínios de segurança do armazenamento de dados

O primeiro domínio de segurança envolve o acesso das aplicações aos dados armazenados durante a rede de armazenamento. O segundo domínio de segurança envolve o acesso da gestão ao armazenamento e aos dispositivos inter-relacionados e aos dados que residem nesses dispositivos. Este domínio é principalmente acedido pelos administradores de armazenamento que constituem e lidam com o ambiente. O terceiro domínio consiste no acesso BURA. Juntamente com os pontos de acesso nos outros dois domínios, os suportes de cópia de segurança também têm de ser protegidos. Para proteger o ambiente de rede do armazenamento, classifique as ameaças acessíveis em cada um dos domínios de segurança e organize-as com base no tipo de serviços de segurança - disponibilidade, confidencialidade, integridade e responsabilidade. O passo seguinte é selecionar e executar vários controlos como contra-medidas para as ameaças.

5.4.1 PROTEGER O DOMÍNIO DE ACESSO À APLICAÇÃO

O domínio de acesso às aplicações pode incluir apenas as aplicações que contactam os dados através do sistema de ficheiros ou de uma interface de base de dados. A Figura 5-2 mostra o acesso às aplicações num ambiente de rede de armazenamento.

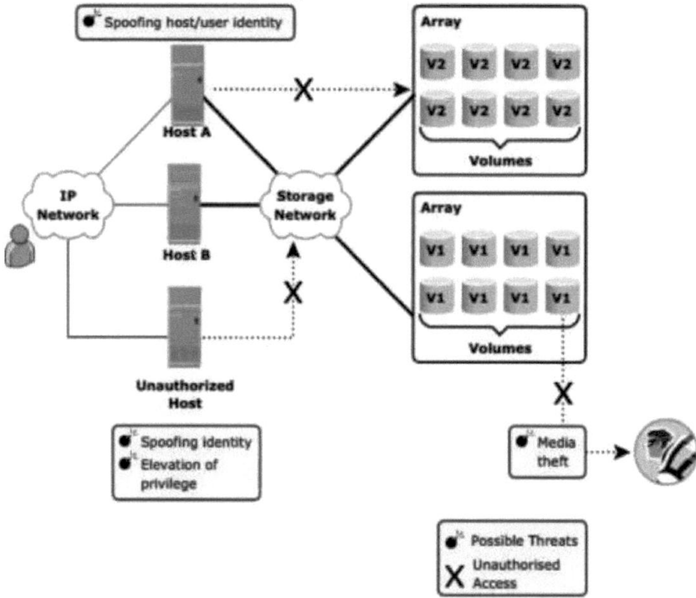

Figura 5-2: Ameaças de segurança no domínio do acesso a aplicações

O anfitrião A pode contactar todos os volumes V1; o anfitrião B pode contactar todos os volumes V2. Estes volumes são classificados de acordo com o nível de acesso, como confidencial, restrito e público. Algumas das ameaças prováveis neste cenário podem ser o anfitrião A a falsificar a exclusividade ou a inspirar os direitos do anfitrião B para obter acesso aos recursos do anfitrião B. Outra ameaça pode ser o acesso de um anfitrião ilegal à rede; o atacante neste anfitrião pode tentar falsificar a identidade de outro anfitrião e intrometer-se nos dados, bisbilhotar a rede ou executar um ataque DoS. Além disso, qualquer forma de roubo de meios de comunicação pode também conciliar a segurança.

Um passo essencial para proteger o domínio de acesso às aplicações é reconhecer as funções interiores que podem evitar que estas ameaças sejam exploradas e reconhecer os controlos adequados que devem ser aplicados. A implementação da segurança física é também uma ideia importante para evitar o roubo de suportes de dados.

Controlar o acesso dos utilizadores aos dados

Os serviços de controlo de acesso controlam o acesso dos utilizadores aos dados. Estes serviços atenuam as ameaças de falsificação da individualidade do anfitrião e de deslocação dos privilégios do anfitrião. Ambas as ameaças afectam a integridade e a confidencialidade dos dados. O controlo técnico, sob a forma de confirmação do utilizador, e o controlo de gestão, sob a forma de aprovação do utilizador, são os dois mecanismos de controlo de acesso utilizados no controlo de acesso às aplicações.

Proteger a infraestrutura de armazenamento

A proteção da infraestrutura de armazenamento contra o acesso ilegal envolve o cuidado de todos os elementos da infraestrutura. As rodas de segurança para proteger a infraestrutura de armazenamento concentram-se nas ameaças de interferência não autorizada nos dados em transferência, o que leva à perda de integridade dos dados, à negação de serviço que negocia a disponibilidade e à espionagem da rede, que pode resultar numa perda de confidencialidade.

Os controlos de segurança para cuidar da rede dividem-se em duas categorias gerais: integridade da infraestrutura de conetividade e encriptação da rede de armazenamento.

Em ambientes de armazenamento seguros, os privilégios principais ou de administrador para um determinado dispositivo não são aprovados para qualquer indivíduo. Em vez disso, o controlo de acesso baseado em funções (RBAC) é implementado para atribuir privilégios cruciais aos utilizadores, permitindo-lhes desempenhar as suas funções. Também é adequado considerar os controlos administrativos, como a "separação de tarefas", quando os procedimentos essenciais do centro de dados. Uma clara divisão de tarefas garante que nenhum indivíduo seja capaz de estipular uma ação e executá-la. Por exemplo, a pessoa que autoriza a formação de contas administrativas não deve ser a pessoa que utiliza essas contas.

Encriptação de dados

A caraterística mais essencial da segurança dos dados é a proteção dos dados detidos no interior das matrizes de armazenamento. As ameaças a este nível consistem na adulteração de dados, que desafia a integridade dos dados, e no roubo de suportes de dados, que concilia a disponibilidade e a confidencialidade dos dados. Para proteger o alinhamento com estas ameaças, encripte os dados retidos no suporte de armazenamento ou encripte os dados antes de serem transferidos para o disco.

5.4.2 PROTEGER O DOMÍNIO DE ACESSO À GESTÃO

O acesso à gestão, quer se trate de monitorização, aprovisionamento ou gestão de recursos de armazenamento, está relacionado com cada dispositivo na rede de armazenamento. A maior parte do software de gestão utiliza alguma forma de CLI, consola de gestão do sistema ou uma interface baseada na Web. É muito essencial implementar controlos adequados para proteger as aplicações de gestão do armazenamento, porque a mossa que pode ser causada ao sistema de armazenamento pela utilização destas aplicações pode ser muito mais geral do que a causada por uma vulnerabilidade num servidor.

A Figura 5-3 mostra um ambiente de rede de armazenamento, algumas das ameaças possíveis neste sistema são, e um anfitrião não autorizado pode imitar a identidade do utilizador ou do anfitrião para supervisionar as matrizes de armazenamento ou a rede. Por exemplo, o anfitrião A pode obter contacto de gestão para a matriz B. O suporte de consola remota para o software de gestão também aumenta a superfície de ataque. Utilizando o suporte de consola remota, vários outros sistemas na rede podem também ser utilizados para executar um ataque.

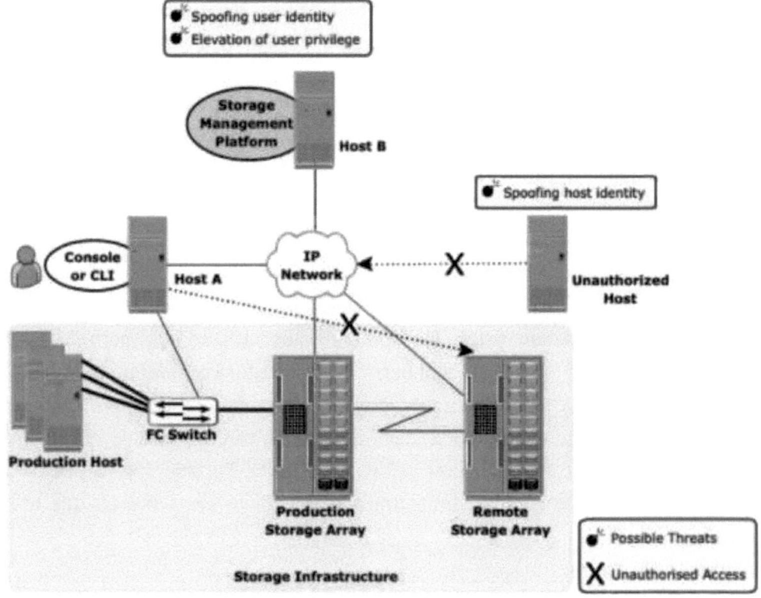

Figura 5-3: Ameaças de segurança no domínio do acesso à gestão

A política de gestão do armazenamento deve ser validada em relação aos controlos de segurança existentes e garantir que esses controlos são suficientes para proteger todo o ambiente de armazenamento. A identidade e a tarefa do administrador devem ser protegidas contra quaisquer tentativas de falsificação, para que um atacante não possa influenciar toda a matriz de armazenamento e causar uma perda de dados insuportável, reformatando os suportes de armazenamento ou criando recursos de dados indisponíveis.

Controlo do acesso administrativo

O controlo do acesso administrativo ao armazenamento destina-se a proteger contra as ameaças de um atacante que falsifique a identidade de um administrador ou que eleve a identidade e os privilégios de mais um utilizador para obter acesso administrativo. Todos os elementos de armazenamento devem oferecer controlo de acesso.

Em vários ambientes de armazenamento, pode ser essencial combinar dispositivos de armazenamento com directórios de autenticação de terceiros, como o LDAP (Lightweight Directory Access Protocol) ou o Active Directory.

Proteger a infraestrutura de gestão A defesa da infraestrutura da rede de gestão também é essencial. Os controlos para proteger a infraestrutura da rede de gestão consistem na encriptação do tráfego de gestão, na aplicação de controlos de acesso à gestão e na aplicação de práticas proeminentes de segurança da rede IP. Estas melhores práticas incluem a utilização de routers IP e switches Ethernet para dificultar o tráfego para determinados dispositivos e protocolos de gestão. Na camada de rede IP, restringir a atividade e o acesso à rede a um conjunto limitado de hosts minimiza a ameaça de um dispositivo não autorizado conectar-se à rede e obter acesso às interfaces de gerenciamento de todos os dispositivos na rede de armazenamento. Os controlos de acesso têm de ser aplicados ao nível da matriz de armazenamento para identificar que anfitrião tem acesso de gestão a que matriz. Alguns dispositivos de armazenamento e comutadores podem limitar o acesso de gestão a anfitriões escrupulosos e limitar os comandos que podem ser emitidos a partir de qualquer anfitrião.

Recapitulando, a aplicação da segurança deve centrar-se nas comunicações de gestão entre dispositivos, na confidencialidade e integridade dos dados de gestão e na disponibilidade das redes e dispositivos de gestão.

5.4.3 PROTECÇÃO DA CÓPIA DE SEGURANÇA, RECUPERAÇÃO E ARQUIVO (BURA)

O BURA é o terceiro domínio que pretende ser protegido contra ataques. A proteção do BURA é difícil e baseia-se no acesso do software BURA às matrizes de armazenamento. Depende também da configuração dos ambientes de armazenamento nos locais primário e secundário, especialmente com soluções de cópia de segurança remota executadas diretamente num dispositivo de fita remoto ou utilizando replicação remota baseada em matrizes. As organizações têm de garantir que o local de DR mantém o mesmo nível de segurança para os dados de cópia de segurança. A proteção da infraestrutura BURA exige a resolução de várias ameaças, incluindo a falsificação da identidade justificável de um local de DR, a adulteração de dados, a espionagem da rede, os ataques DoS e o roubo de suportes de dados. Essas ameaças simbolizam prováveis violações de integridade, confidencialidade e disponibilidade. A Figura 5-4 demonstra um projeto genérico de backup remoto.

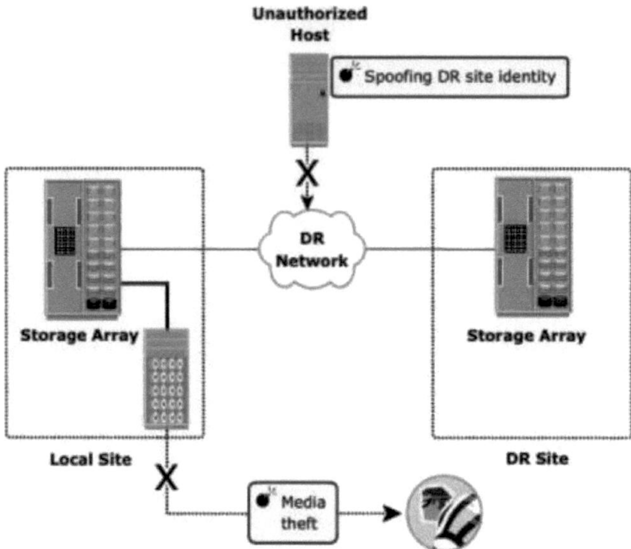

Figura 5-4: Ameaças à segurança no ambiente BURA

A ameaça física de perda, roubo ou extravio de uma fita de backup, especialmente se as fitas contiverem informações altamente confidenciais, é outro tipo de ameaça. As aplicações de cópia de segurança para fita são vulneráveis a graves implicações de segurança se não encriptarem os dados durante a cópia de segurança.

5.5 VIRTUALIZAÇÃO DO ARMAZENAMENTO

Com o crescimento da tecnologia de ligação em rede do armazenamento, as implementações maiores e mais complexas estão a tornar-se mais regulares. A natureza variada das infra-estruturas de armazenamento aumentou ainda mais a dificuldade de gerir e utilizar com êxito os recursos de armazenamento. São essenciais tecnologias específicas para cumprir acordos de nível de serviço inflexíveis e para proporcionar uma infraestrutura flexível com custos de gestão reduzidos.

A virtualização é o método de mascarar ou concetualizar recursos físicos, o que simplifica a infraestrutura e acomoda a velocidade crescente das mudanças comerciais e tecnológicas. Aumenta o consumo e a capacidade dos recursos de TI, como servidores, redes ou dispositivos de armazenamento, para além dos seus limites físicos.

5.6 FORMAS DE VIRTUALIZAÇÃO

A virtualização existe no sector das TI há mais de alguns anos e de formas diferentes, juntamente com a virtualização da memória, a virtualização da rede, a virtualização do servidor e a virtualização do armazenamento.

5.6.1 VIRTUALIZAÇÃO DA MEMÓRIA

A memória virtual faz com que uma aplicação se materialize como se tivesse a sua própria memória lógica adjacente, autónoma dos recursos de memória física existentes.

Desde o início da indústria informática, a memória tem sido e continua a ser um componente exclusivo de um anfitrião. Determina em cooperação o tamanho e o número de aplicações que podem ser executadas num anfitrião.

Com as melhorias tecnológicas, a tecnologia de memória alterou-se e o custo da memória diminuiu. Os gestores de memória virtual (VMM) evoluíram, permitindo que várias aplicações sejam alojadas e processadas em conjunto.

Numa realização de memória virtual, um espaço de endereço de memória é separado em blocos contíguos de páginas de tamanho fixo. Um procedimento conhecido como paginação guarda páginas de memória sem movimento no disco e transporta-as de volta para a memória física quando necessário. Isso permite o uso eficiente da memória física acessível entre diversos processos. O espaço usado pelos VMMs no disco é conhecido como arquivo de troca. Um ficheiro de troca (também conhecido como ficheiro de página ou espaço de troca) é um secção do disco rígido que funciona como memória física (RAM) para o sistema operativo.

5.6.2 VIRTUALIZAÇÃO DE REDES

A virtualização de redes cria redes eficazes em que cada aplicação vê a sua rede lógica pessoal, independentemente da rede física. Uma LAN virtual (VLAN) é um exemplo de virtualização de rede que proporciona uma forma fácil, flexível e menos dispendiosa de lidar com redes. As VLANs tornam as grandes redes mais convenientes, permitindo uma configuração federal de dispositivos situados em locais fisicamente diferentes.

Considere uma empresa em que os utilizadores de um departamento estão divididos por uma área metropolitana, estando os seus recursos centralizados num escritório. Numa rede distinta, cada local tem a sua própria rede associada às outras através de routers. Quando os pacotes de rede incomodam os routers, a latência influencia o desempenho da rede. Com as VLANs, os utilizadores com requisitos de acesso idênticos podem ser agrupados na mesma rede virtual. Esta configuração elimina a necessidade de encaminhamento da rede. Para além de melhorar o desempenho da rede, as VLANs também oferecem maior segurança, separando os dados sensíveis das outras redes e limitando o acesso aos recursos situados nas redes.

SAN virtual (VSAN)

Uma SAN virtual/tecido virtual é uma evolução actualizada da SAN e, abstratamente, funciona de forma semelhante a uma VLAN.

Numa VSAN, um conjunto de anfitriões ou portas de armazenamento comunicam entre si utilizando uma topologia virtual distinta na SAN física. A tecnologia VSAN permite aos utilizadores construir uma ou mais SANs virtuais numa única topologia física que contém comutadores e ISLs. Esta tecnologia desenvolve a escalabilidade, a disponibilidade e a segurança da rede de área de armazenamento (SAN). Algumas das características do VSAN são:

*   A ID do canal de fibra (FC ID) de um anfitrião numa VSAN pode ser atribuída a um anfitrião em mais uma VSAN, civilizando assim a escalabilidade da SAN.

*   Cada ocorrência de uma VSAN executa todos os protocolos necessários, como FSPF, gerenciador de domínio e zoneamento.

*   As configurações relacionadas ao tecido em um VSAN não influenciam o tráfego em outro VSAN.

*   Os eventos que causam perturbações no tráfego num VSAN são encerrados nesse VSAN e não são divulgados a outros VSANs.

5.6.3 VIRTUALIZAÇÃO DE SERVIDORES

A virtualização de servidores permite que muitos sistemas operativos e pedidos sejam executados instantaneamente em máquinas virtuais diferentes formadas no mesmo servidor físico (ou grupo de servidores). As máquinas virtuais oferecem uma camada de noção entre o sistema operativo e o hardware fundamental. Dentro de um servidor físico, qualquer quantidade de servidores virtuais pode ser reconhecida; dependendo das capacidades do hardware. Cada servidor virtual aparece como uma máquina física para o sistema operativo, enquanto todos os servidores virtuais partilham o mesmo hardware físico fundamental de uma forma inacessível. Por exemplo, a memória física é partilhada entre os servidores virtuais, mas o espaço de endereço não o é. Os servidores virtuais específicos podem ser reiniciados, actualizados ou mesmo colididos, sem perturbar os outros servidores virtuais na máquina física semelhante. Como resultado, os servidores são inadequados para servir apenas uma apresentação de cada vez, como mostra a Figura 5-5a

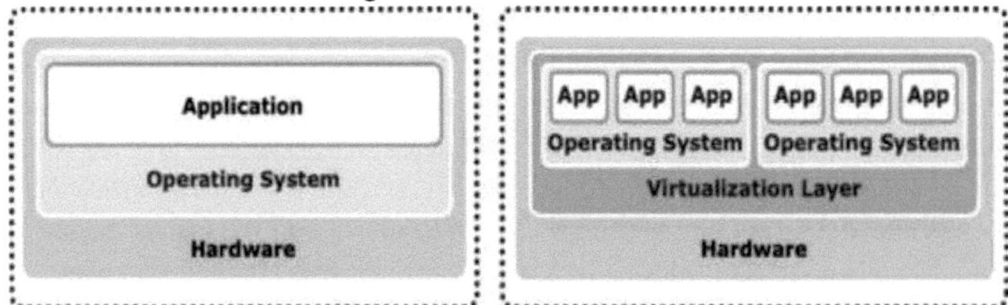

Figura 5-5: Virtualização do servidor

A virtualização do servidor fala dos problemas que ocorrem num ambiente de servidor físico. A camada de virtualização, mostrada na Figura 5-5(b), ajuda a superar os conflitos de armazenamento, segregando aplicações executadas em sistemas operativos diferentes na mesma máquina. Além disso, a virtualização do servidor pode mover vigorosamente os recursos de hardware subutilizados para um local onde eles são mais desejáveis, refinando o consumo dos recursos fundamentais de hardware.

5.6.4 VIRTUALIZAÇÃO DO ARMAZENAMENTO

A virtualização do armazenamento é o procedimento que oferece uma visão lógica dos meios de armazenamento físico a um anfitrião. Este armazenamento lógico funciona e actua como armazenamento físico diretamente associado ao anfitrião.

Algumas instâncias da virtualização do armazenamento continuam a ser a gestão de volumes baseada no anfitrião, a formação de LUN, a virtualização do armazenamento em fita e o endereçamento de discos (CHS para LBA).

As ajudas fundamentais da virtualização do armazenamento incluem a utilização melhorada do armazenamento, a adição ou eliminação de armazenamento sem afetar a disponibilidade de uma aplicação e a migração de dados não destrutiva (acesso a ficheiros e armazenamento enquanto as migrações estão em curso).

A Figura 5-6 demonstra um ambiente de armazenamento virtualizado. Na parte superior estão quatro servidores, cada um com um volume virtual atribuído, que está atualmente a ser utilizado por uma aplicação. Esses volumes virtuais são plotados para o armazenamento definitivo nas matrizes, conforme revelado na parte inferior da figura. Quando a E/S é apresentada a um volume virtual, é encaminhada através da virtualização na camada de rede de armazenamento para a matriz física representada.

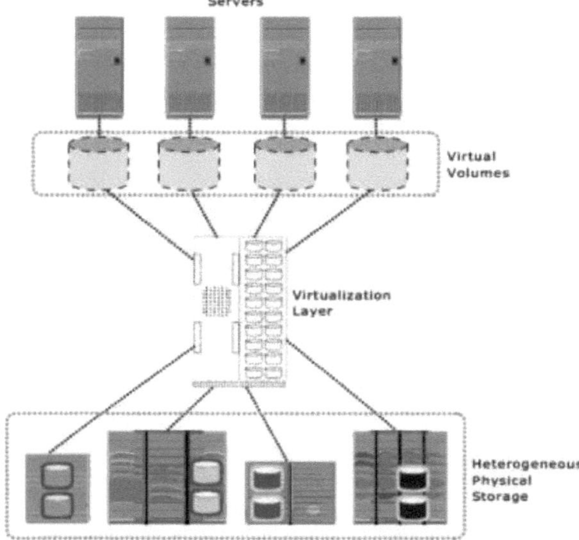

Figura 5-6 Virtualização do armazenamento

5.7 Taxonomia de virtualização de armazenamento da SNIA

A taxonomia de virtualização de armazenamento da SNIA (Storage Networking Industry Association) (ver Figura 5-7) oferece uma taxonomia organizada de virtualização de armazenamento, com três níveis que descrevem o que, onde e como o armazenamento pode ser virtualizado.

O primeiro nível da taxonomia da virtualização do armazenamento fala sobre "o que" é produzido. Estipula os tipos de virtualização: virtualização de blocos, virtualização de ficheiros, virtualização de discos, virtualização de fitas ou qualquer outra virtualização de dispositivos.

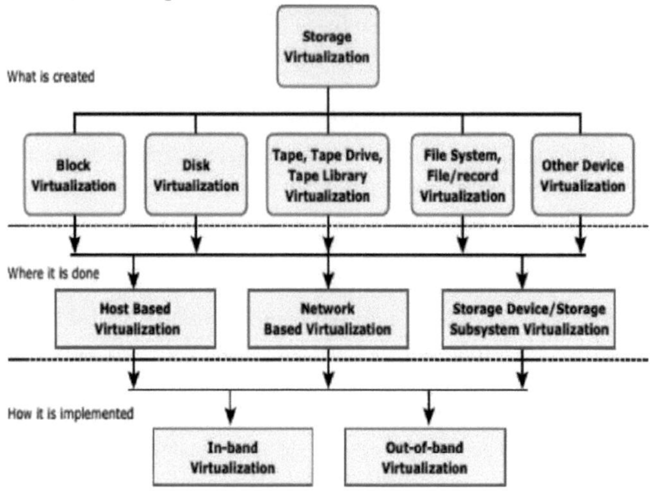

Figura 5.7: Taxonomia de virtualização do SINA

O segundo nível define "onde" a virtualização pode residir. Isso requer uma tática multinível que simbolize a virtualização em todos os três níveis do ambiente de armazenamento: servidor, rede de armazenamento e armazenamento, conforme mostrado na Figura 5-8.

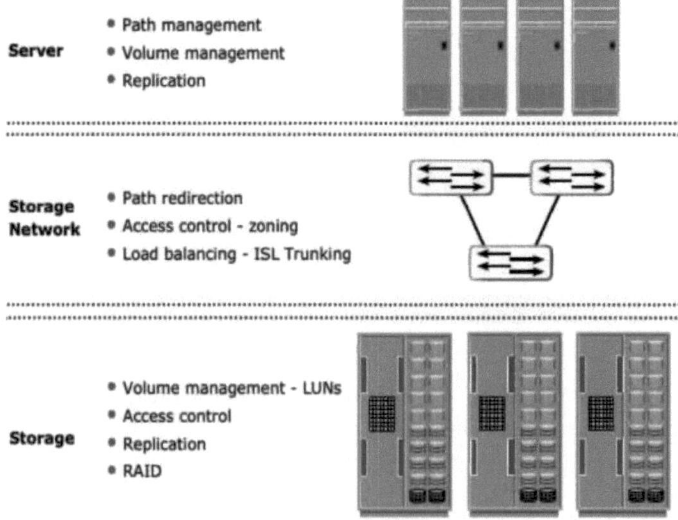

Figura 5-8: Virtualização de armazenamento em diferentes níveis de ambiente de armazenamento

Uma abordagem de virtualização real atribui a inteligência aos três níveis, centralizando as funções de gestão e controlo. As funções de armazenamento de dados - como RAID, armazenamento em cache, somas de verificação e verificação de hardware - devem permanecer na matriz. Além disso, o anfitrião tem de controlar as áreas centradas nas aplicações, como a recolha e a ativação pós-falha de aplicações, e a gestão de volumes de discos brutos.

O terceiro nível da classificação da virtualização do armazenamento estipula a metodologia de virtualização ao nível da rede, em banda ou fora de banda.

5.8 CONFIGURAÇÕES DE VIRTUALIZAÇÃO DO ARMAZENAMENTO

A virtualização do armazenamento na rede é executada utilizando a metodologia in-band ou out-of-band. Numa execução fora de banda, a configuração do ambiente virtualizado é armazenada fora do caminho de dados. Conforme mostrado na Figura 5-9a.

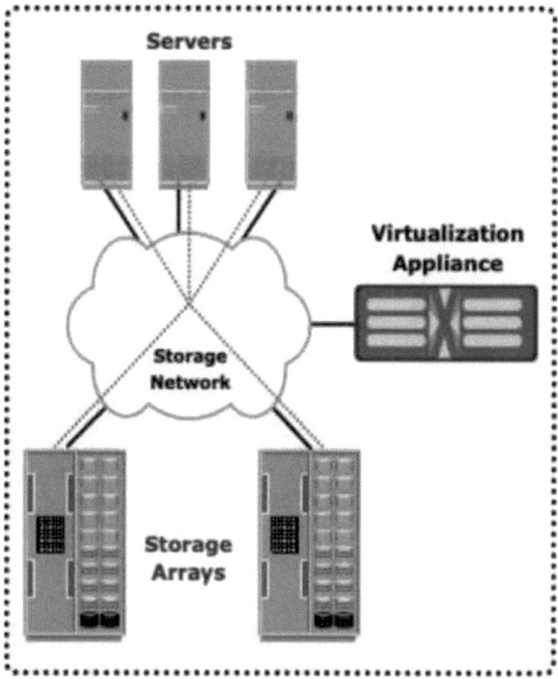

(a) Fora de banda

Figura 5-9a: metodologia fora de banda

A configuração é armazenada na utilização de virtualização constituída externamente à rede de armazenamento que transmite os dados. Esta configuração é também designada por splitpath, uma vez que os caminhos de controlo e de dados estão divididos (o caminho de controlo atravessa a aplicação, o caminho de dados não). Esta configuração permite que o ambiente pratique dados a uma velocidade de rede com apenas uma ligeira latência adicionada para a transformação da configuração virtual para o armazenamento físico. Os dados não são armazenados na finalidade da virtualização além do que geralmente aconteceria em uma configuração típica de SAN. Uma vez que a aplicação de virtualização é baseada em hardware e optimizada para comunicação Fibre Channel, pode ser montada de forma significativa.

A aplicação in-band senta a função de virtualização no caminho de dados, como mostra a Figura 5.9b

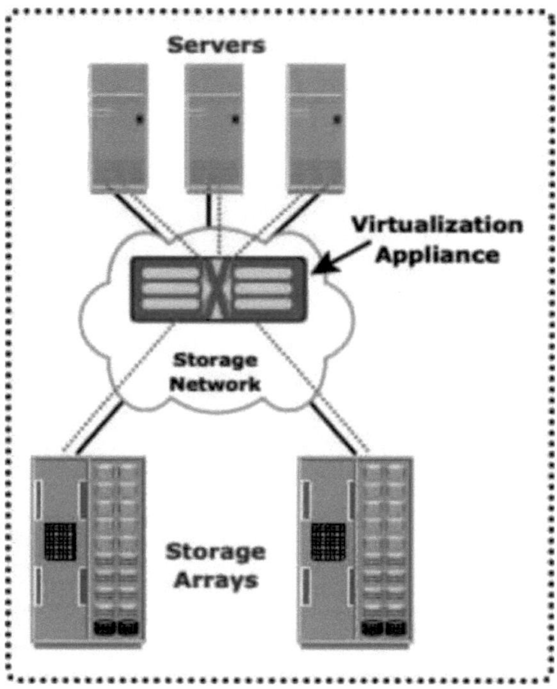

(b)Em banda

Figura 5-9b: Metodologia em banda

Os servidores ou as aplicações de uso geral suportam a virtualização e funcionam como um motor de conversão da configuração virtual para o armazenamento físico. Uma implementação em banda é baseada em software e o armazenamento e a promoção de dados através da utilização resultam numa latência supérflua. Anuncia um atraso no tempo de resposta da aplicação, porque os dados ficam na rede durante algum tempo antes de serem dedicados ao disco.

Em termos de infraestrutura, a arquitetura in-band aumenta a complexidade e melhora uma nova camada de virtualização (a aplicação), ao mesmo tempo que regula a capacidade de escalar a infraestrutura de armazenamento. Uma implementação em banda é adequada para ambientes estáticos com cargas de trabalho previsíveis.

5.9 DESAFIOS DA VIRTUALIZAÇÃO DO ARMAZENAMENTO

As redes de armazenamento e as matrizes de armazenamento inteligentes e ricas em funcionalidades falaram e forneceram soluções exactas para as dificuldades empresariais. Como facilitador, a virtualização deve acrescentar valor à solução existente, mas a introdução da virtualização num ambiente acrescenta novos desafios. A necessidade de resolução da virtualização do armazenamento é conseguida através da abordagem de questões como a **escalabilidade, a funcionalidade, a capacidade de gestão e o suporte**.

5.10   TIPOS DE VIRTUALIZAÇÃO DO ARMAZENAMENTO

O armazenamento virtual é o armazenamento lógico fornecido aos anfitriões e os pedidos são libertados de recursos físicos. A virtualização pode ser utilizada em ambientes de armazenamento SAN e NAS. Numa SAN, a virtualização é pragmática ao nível do bloco, ao passo que no NAS, é prática ao nível do ficheiro.

5.10.1 VIRTUALIZAÇÃO DO ARMAZENAMENTO AO NÍVEL DO BLOCO

A virtualização do armazenamento ao nível do bloco oferece uma camada de transformação na SAN, entre os anfitriões e as matrizes de armazenamento, conforme apresentado na Figura 5.10.

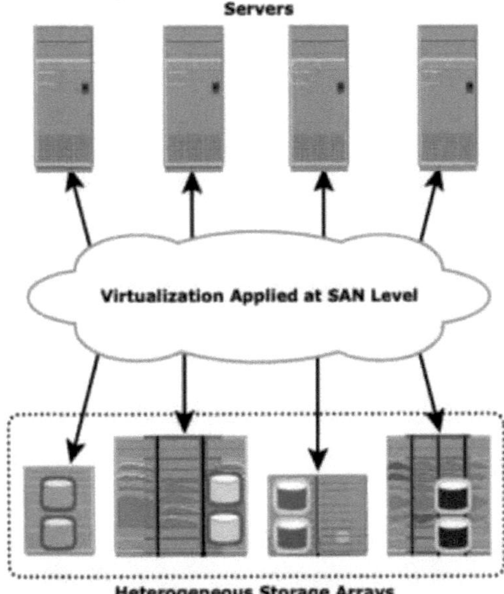

Figura 5-10: Virtualização de armazenamento em nível de bloco

O dispositivo de virtualização descodifica entre os LUNs virtuais e os LUNs físicos nas diferentes matrizes. Isto permite a utilização simultânea de matrizes de distribuidores diferentes, sem quaisquer problemas de interoperabilidade. Para um anfitrião, todas as matrizes parecem um único dispositivo de destino e os LUNs podem ser circulados ou mesmo divididos por várias matrizes.

A virtualização do armazenamento ao nível do bloco espalha os volumes de armazenamento online, decide os requisitos de progresso das aplicações, associa matrizes de armazenamento heterogéneas e permite um acesso transparente à capacidade. Também oferece a vantagem da migração de dados sem interrupções.

Em ambientes SAN habituais, a relocalização de LUNs de um array para outro era um incidente offline porque os hosts queriam ser actualizados para replicar a nova configuração do array. Noutros casos, eram necessários ciclos de CPU do anfitrião para transferir dados de uma matriz para outra, especialmente num ambiente de vários fornecedores. Com um esclarecimento de virtualização em nível de bloco em vigor, o mecanismo de virtualização faz a migração back-end dos dados, o que permite que os LUNs

para continuar online e disponível enquanto os dados estão a ser migrados. Não são necessárias alterações físicas porque o anfitrião continua a apontar para os alvos simulados semelhantes no método de virtualização. No entanto, os mapeamentos no dispositivo de virtualização devem ser reformulados. Estas alterações podem ser executadas vigorosamente e são transparentes para o utilizador final.

A implementação de matrizes heterogéneas num ambiente virtualizado permite uma estratégia de gestão do ciclo de vida da informação (ILM), permitindo uma importante otimização de custos e recursos.

5.10.2 VIRTUALIZAÇÃO AO NÍVEL DOS FICHEIROS

A virtualização ao nível dos ficheiros aborda as tarefas do NAS reduzindo as dependências entre os dados recuperados ao nível dos ficheiros e a localização onde os ficheiros estão fisicamente armazenados. Isto permite otimizar a associação entre a aplicação de armazenamento e o servidor e realizar migrações de ficheiros sem interrupções.

A Figura 5.11 demonstra um ambiente NAS antes e depois da implementação da virtualização ao nível dos ficheiros.

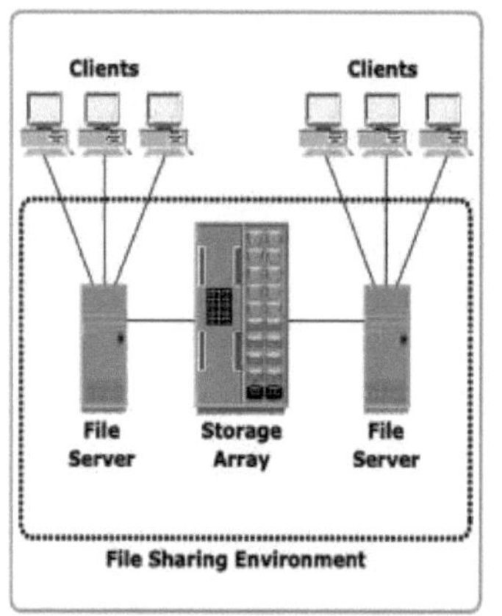

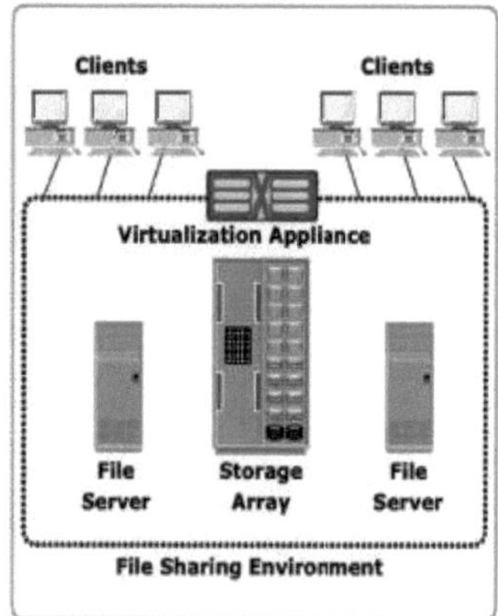

Figura 5.11: Dispositivo NAS antes e depois da virtualização ao nível dos ficheiros

Virtualização ao nível dos ficheiros Anteriormente denominada virtualização, cada dispositivo NAS ou servidor de ficheiros é física e logicamente libertado. Cada anfitrião sabe exatamente onde estão colocados os seus recursos ao nível dos ficheiros. Os recursos de armazenamento subutilizados e as dificuldades de capacidade resultam do facto de os ficheiros serem garantidos a um servidor de ficheiros específico. É obrigatório trocar os ficheiros de um servidor para outro devido a causas de desempenho ou quando o servidor de ficheiros falha. A movimentação de ficheiros através do ambiente não é informal e implica tempo de inatividade para os servidores de ficheiros.

A virtualização ao nível dos ficheiros simplifica a mobilidade dos ficheiros. Oferece individualidade ao utilizador ou à aplicação a partir do local onde os ficheiros são armazenados. A virtualização ao nível dos ficheiros cria um conjunto lógico de armazenamento, permitindo aos utilizadores utilizar um caminho lógico, em vez de um caminho físico, para aceder aos ficheiros. A virtualização ao nível dos ficheiros permite o movimento dos sistemas de ficheiros através dos servidores de ficheiros online. Isto significa que, enquanto os ficheiros estão a ser movidos, os clientes podem aceder aos seus ficheiros sem interrupções. Os clientes também podem ler os seus ficheiros a partir da localização antiga e escrevê-los de novo na nova localização sem se aperceberem de que a localização física mudou. Vários clientes ligados a vários servidores podem efetuar a associação em linha dos seus ficheiros para melhorar a exploração dos seus recursos. Um espaço de nomes inclusivo pode ser utilizado para traçar o caminho lógico de um ficheiro para os nomes do caminho físico.

Referência

1. Armazenamento e gestão da informação por Emc Education Services
2. Armazenamento e gestão da informação por Pankaj Sharma
3. Armazenamento e gestão de informações: Armazenamento, gestão e proteção de informações digitais da EMC
4. Everybody Lies: Big Data, New Data, and What the Internet Can Tell Us About Who We Really Are" de Seth Stephens-Davidowitz
5. Gestão de Projectos de Tecnologias da Informação por Jack T Marchewka
6. Armazenamento e gestão da informação por I A Dhotre
7. Armazenamento e gerenciamento de informações: Armazenamento, gerenciamento e proteção de informações digitais em ambientes clássicos, virtualizados e em nuvem pela EMC Education Services
8. Gestão automática de armazenamento Oracle por Murali Vallath
9. Gestão de armazenamento em centros de dados por Volker Herminghaus
10. Virtualização do armazenamento: Tecnologias para simplificar o armazenamento e a gestão de dados por Tom Clark
11. Introdução à Recuperação de Informação por Manning e Schutze
12. Recuperação de Informação Moderna de Baeza-Yates e Ribeiro-Neto

Printed by Books on Demand GmbH, Norderstedt / Germany